VIVRE SANS TROUBLES ANXIEUX ET CRISES DE PANIQUE

Le manuel complet des techniques de relaxation et des solutions pratiques afin de stimuler la pensée positive. Recommencez à vivre vie en couleurs.

Angelo Giardino

SOMMARIE

Introduction

L L'anxiété est un danger qui ne doit pas être ignoré ou sous-estimé. Un mal qui se faufile et frappe sans que la personne ne s'en rende compte. Par conséquent, un livre qui traite des troubles anxieux de manière exhaustive ne peut avoir qu'une introduction réduite, mais significative.

L'anxiété est un grave problème dans le monde d'aujourd'hui. Ce n'est pas un secret, c'est un fait bien connu. Les statistiques l'attestent, les troubles anxieux sont les plus répandus dans le domaine psychiatrique. Et si, dans certains pays, le nombre d'individus souffrant de ces troubles reste "moyen", dans d'autres, ces chiffres atteignent des sommets alarmants. Ceci est particulièrement vrai dans les pays industrialisés. Il suffit de penser à l'étude menée par l'Université de Virginie (États-Unis), qui a établi qu'environ 40 millions (18 %) d'adultes âgés entre 18 et 54 ans souffrent de troubles anxieux et de problèmes connexes. D'autre part, en Espagne, l'anxiété touche plus de 20 % de la population adulte, ce qui oblige les personnes concernées à se tourner vers des professionnels pour trouver un remède. Parmi les formes d'anxiété les plus courantes et les plus répandues, l'anxiété généralisée se démarque. Elle survient chez environ 3 à 5 % des adultes. Les femmes (7 %) sont presque deux fois plus nombreuses que les hommes (4,3 %) à en souffrir. De nombreux autres sous-types de crises d'angoisse doivent être pris en compte, dont beaucoup sont capables de réduire considérablement la qualité de vie de ceux qui en souffrent.

Parmi les différents troubles que l'anxiété peut engendrer, il faut mentionner la panique. Elle touche moins de 1% de la population adulte et les femmes sont plus vulnérables que les hommes. À cela s'ajoute le trouble obsessionnel compulsif (environ 2,3 % du total des cas, avec une fréquence égale chez les hommes et les femmes). Sans oublier le stress post-traumatique, qui touche principalement les personnes ayant subi un événement violent ou catastrophique qui a provoqué un traumatisme chez elles (pensez aux personnes ayant vécu la guerre).

Une grande partie de la population française souffre d'agoraphobie, un trouble psychologique qui provoque chez le sujet un sentiment de peur et de malaise lorsqu'il se trouve dans de grands espaces ou des environnements bondés ; ce trouble apparaît dans la grande majorité des cas au début de l'âge adulte. Là encore, les femmes en souffrent davantage que les hommes et l'âge d'apparition de l'agoraphobie diminue rapidement. Elle touche de plus en plus les jeunes qui s'approchent du monde du travail, les obligeant à demander de l'aide. Le travail, les études, la routine quotidienne et bien d'autres choses encore sont les éléments qui conduisent ceux qui en souffrent à ne plus être sûrs de leurs propres forces. L'anxiété, si elle n'est pas combattue, conduit à la perte des quelques certitudes que l'on avait.

Pour ces raisons, il est essentiel de savoir reconnaître l'anxiété, de comprendre quels sont ses symptômes, d'identifier le début de sa manifestation et de savoir comment réagir pour ne pas perdre le contrôle de soi.

De nos jours, il existe divers techniques et remèdes qui permettent de contrôler les troubles anxieux et les crises de panique, apportant un soutien psychologique considérable aux personnes qui en souffrent. Sans oublier les cours spécifiques, les enseignements divers et les livres sur le sujet qui expliquent ce qu'est l'anxiété et comment apprendre à la gérer au mieux pour vivre sereinement.

Heureusement, nous sommes bien préparés à la lutte contre l'anxiété sous toutes ses formes, mais il faut une volonté considérable pour pouvoir contrôler le problème de manière à ce qu'il ne nous nuise pas dans notre vie quotidienne. De nombreuses personnes ont tendance à sous-estimer ce trouble. Combien de fois avons-nous entendu : "Ah ? Vous êtes anxieux ? Eh bien, ça passera !" L'anxiété ne peut et ne doit pas être prise à la légère, car les conséquences qu'elle peut avoir sur la qualité de vie sont dévastatrices. Il ne s'agit pas d'une maladie comme les autres et ne doit pas être comparée à un simple rhume. Elle ne peut pas non plus être considérée comme un trouble non menaçant. L'anxiété est sournoise et méchante ; elle est invisible, mais dans certains cas, elle peut manifester des symptômes douloureux, et elle survient souvent au moment où l'on s'y attend le moins. Les dommages que l'anxiété est capable de causer peuvent être très différents et leur ampleur dépend largement de la précocité avec laquelle vous commencez à y travailler.

L'anxiété se subdivise en plusieurs types, qui provoquent tous une détérioration soudaine des conditions personnelles dans la famille, au travail ou dans les études ; agissant sur le cerveau, l'anxiété rend la personne qui en souffre moins alerte et moins concentrée. Les objectifs qui peuvent facilement être atteints dans une situation de bien-être psychique semblent devenir inatteignables si l'on souffre d'anxiété. La sphère la plus touchée est certainement la sphère sociale. Pour s'en rendre compte, il suffit de réaliser que les troubles anxieux et les crises de panique soudaines peuvent conduire à la dépression. Et ceci, comme on le sait, est une autre condition difficile à traiter. Si elle n'est pas traitée correctement, l'anxiété parvient à "creuser" un puits de plus en plus profond, duquel il devient problématique de "sortir". Par conséquent, si vous savez que vous souffrez de troubles de l'anxiété, vous ne pouvez que combattre le malaise par tous les moyens avant qu'il ne s'aggrave. Et si ces raisons ne vous semblent pas suffisantes pour comprendre le danger d'un tel trouble, on peut considérer le facteur économique. Il suffit de se référer à la situation des États-Unis, où le traitement des troubles anxieux coûte chaque année pas moins de 46,6 milliards de dollars. En France, la situation n'est pas meilleure, surtout si l'on considère que le nombre de personnes souffrant de troubles anxieux augmente rapidement d'année en année.

Cela dit, essayons maintenant de traiter le problème à 360°, en essayant de comprendre d'où vient l'anxiété, quels sont ses symptômes, quels sont les troubles qui l'accompagnent et s'il existe des moyens de la prévenir.

Qu'est-ce que l'anxiété et comment la reconnaître

Lorsque nous parlons d'anxiété, nous parlons d'un mécanisme émotionnel normal. L'anxiété n'est donc pas quelque chose d'extraordinaire. Il ne s'agit pas d'un trouble particulier, loin de là, mais d'un trouble "normal". Son rôle est fondamental dans la mesure où il nous aide à percevoir les situations dangereuses. Il n'est pas surprenant qu'il s'agisse d'un mécanisme extraordinairement important de défense, d'anticipation et d'adaptation des personnes dans des conditions potentiellement défavorables. Dès que l'anxiété est déclenchée, divers mécanismes d'alarme présents en chacun de nous sont activés. Ils sonnent des cloches qui correspondent principalement aux besoins de survie et se manifestent dès l'apparition de stimuli négatifs. À la perception d'un danger dont la nature peut être différente, notre organisme manifeste automatiquement de l'inquiétude. Il s'agit donc d'un système permettant de se protéger des menaces et correspond à un mécanisme comparable à la peur, bien que différente. Le problème survient lorsqu'il se manifeste intensément ; il perd ses freins et ses divers réglages. Il existe des paramètres à évaluer pour comprendre si l'anxiété représente un danger ou non. Si l'organisme ne présente pas de poussées d'anxiété trop évidentes, la situation ne doit pas être considérée comme dangereuse et ne représente donc pas une pathologie.

Une situation pathologique est à considérer comme telle lorsque le mécanisme de défense psychologique s'altère et commence à fonctionner de manière déformée. Dans ce cas, l'anxiété ne protège pas la personne du danger, mais se manifeste dans des conditions normales, face à des situations anodines. Si cela se produit, on est confronté aux fameux troubles anxieux. Une situation classique d'anxiété concerne, par exemple, les examens universitaires : un stimulus qui ne représente pas une menace pour l'organisme, mais qui est capable de déclencher un mécanisme de défense incroyablement fort. Dès qu'il est activé, une nervosité excessive s'installe. Immédiatement, on se sent comme un animal en cage : on se sent "écrasé", sans échappatoire, comme piégé. On s'inquiète de quelque chose qui, en réalité, n'est pas aussi effrayant qu'il n'y paraît à première vue.

L'anxiété s'accompagne souvent de frustration. L'individu devient paralysé. Ce sentiment le freine lorsqu'il est confronté à des situations normales de la vie quotidienne. L'effet des troubles anxieux n'est pas seulement psychologique, mais aussi physique. Lorsque des erreurs se produisent dans ce mécanisme de défense, une concentration plus élevée d'adrénaline et de cortisol est libérée dans le sang. L'adrénaline est responsable de l'accélération du rythme cardiaque et constitue le premier signal, dans le calme, que quelque chose ne va pas. Le cortisol est responsable du stress. Plus sa concentration dans le sang augmente, plus l'anxiété naturelle de l'individu augmente. De plus, à cause du cortisol, on devient moins attentif et moins concentré, et on réagit moins bien aux stimuli venant de l'extérieur.

De toute évidence, la seule façon de reconnaître l'anxiété est de voir si l'on ressent un fort sentiment d'anxiété et de panique, même dans des conditions normales. Si cela se produit, on peut penser à une altération du mécanisme qui sous-tend les troubles anxieux. Ce dernier n'altère pas seulement les fonctions psychologiques, mais a également un effet négatif important sur les fonctions physiologiques.

Les exemples que l'on peut donner à cet égard sont l'anxiété de performance dans le sport ou l'anxiété sexuelle. Dans ces cas, face à des situations non menaçantes, le sentiment d'anxiété se reflète négativement sur les performances physiques, que ce soit sur un terrain de sport ou au lit. Il suffit de considérer la situation des hommes qui souffrent de dysfonctionnement érectile précisément à cause de l'anxiété de performance : un trouble qui affecte négativement la vie de couple. Il s'agit déjà d'un phénomène réel qui touche des personnes de différents groupes d'âge. L'anxiété de performance disparaît avec le temps, mais peut réapparaître si l'on n'est pas satisfait des résultats obtenus. Les jeunes ne sont pas nécessairement les seuls à en souffrir : c'est une affection qui peut également toucher des adultes apparemment en bonne santé.

Les types d'anxiété sont différents, comme déjà mentionnés dans l'introduction. Ils présentent des symptômes différents et nécessitent des approches individualisées. Il ne faut donc pas les confondre. La bonne nouvelle est qu'ils sont pris en charge par des professionnels, qui seront en mesure d'identifier le bon type de trouble anxieux et de prescrire une thérapie appropriée. Il est en effet fondamental de distinguer les différentes formes d'anxiété pour trouver les solutions les plus appropriées à chacune d'entre elles. Les troubles anxieux sont désormais bien connus dans le monde universitaire. Il s'agit d'un état pathologique qui est analysé dans les moindres détails.

Tout d'abord, il est important de faire une distinction **entre l'anxiété caractérielle** et **l'anxiété d'état**, car, comme nous l'avons dit, il existe différentes facettes et différents types d'anxiété. L'anxiété caractérielle indique une prédisposition, un trait de personnalité, une attitude qui reflète la façon dont un sujet donné se comporte face à des situations dangereuses ou menaçantes. Il s'agit donc d'une condition qui fait partie intégrante du caractère d'une personne. Les sujets présentant une anxiété caractérielle sont plus sensibles aux stimuli, ont une tendance à la culpabilité et à la fragilité de l'ego. L'anxiété d'état, en revanche, est une solution temporaire et fait référence à la réponse émotionnelle à des situations particulières, avec un début, un pic d'intensité plus élevé et la capacité de s'estomper en peu de temps. Les personnes caractérisées par une anxiété caractérielle ont une probabilité plus élevée de transformer cette symptomatologie en troubles anxieux.

Parmi les types de troubles, les plus fréquents figurent les **troubles anxieux généralisés**. Ceux-ci se caractérisent par une inquiétude excessive injustifiée. Dans la plupart des cas, ils sont permanents et peuvent durer jusqu'à 6 mois ou plus. Un individu souffrant de troubles anxieux généralisés présente des symptômes tels que la fatigue fréquente, l'impatience, l'agitation, la tension et l'irritabilité. C'est surtout cette dernière qui le conduit à être agressif dans des situations où cette réaction du corps n'est pas requise.

Le traitement de l'anxiété généralisée n'est pas aussi simple qu'il n'y paraît. Plus la pathologie progresse, plus il devient difficile de la traiter avec succès. Si l'on remarque les symptômes indiqués, il est préférable d'intervenir rapidement pour éviter que la situation ne s'aggrave. L'une des principales erreurs commises concerne la lenteur des réactions, en pensant qu'un trouble psychologique est moins important qu'un trouble physiologique. Selon diverses études dans le domaine, plus on intervient rapidement dans le traitement de l'anxiété généralisée, mieux c'est pour le patient. Un trouble psychologique peut s'aggraver considérablement avec le temps, comme c'est le cas pour toute maladie physiologique. Par conséquent, la rapidité d'intervention est d'une grande valeur dans le traitement de l'anxiété.

L'anxiété généralisée ne doit pas être confondue avec un autre trouble appelé **trouble de crise de panique**. Dans ce cas, la sensation de nervosité n'est pas continue, mais varie périodiquement. Les crises d'angoisse sont particulièrement intenses et altèrent considérablement la qualité de vie. La personne montre son agitation devant les autres. Le sentiment qui prévaut est souvent lié à la mort. Le sujet se croit à l'article de la mort, il perçoit l'approche d'un danger qui n'existe peut-être pas : une illusion de l'esprit. Ce sentiment peut se manifester n'importe où : dans le bus, à la maison, à l'université, dans des lieux clos... Si l'on prend ensuite en compte la peur d'être attaqué, le tableau devient complet. Ce type d'anxiété ne concerne pas nécessairement un objet spécifique de la phobie. Il peut également être générique et l'individu peut ressentir une forte terreur face à un mal abstrait et difficile à comprendre. Le principal symptôme qui distingue ce type d'anxiété des autres catégories est la périodicité des crises. Elles se produisent occasionnellement et de manière intense. Il n'y a pas d'autres symptômes typiques du trouble des crises de panique, et si l'on remarque qu'une personne est périodiquement frappée par ces crises, on peut immédiatement envisager la possibilité qu'il s'agisse du trouble dont nous parlons. Elle aussi nécessite un traitement en temps utile afin de la guérir avec succès.

L'anxiété est souvent confondue avec le trouble phobique, c'est-à-dire une phobie qui peut se manifester envers un objet, une situation ou une action. Cette pathologie est appelée **phobie spécifique**. Une phobie est un trouble psychologique qui, parmi ses conséquences, peut se manifester par l'apparition d'un état d'anxiété. Elle doit être traitée en fonction du type de phobie lui-même. Le principal symptôme du trouble phobique est certainement la peur immédiate et irrationnelle que suscite un stimulus ou une situation. Par exemple, la phobie du vol se manifeste dès que l'avion décolle et que l'individu réalise qu'il est en train de voler (situation). À ce moment-là, il faut être capable de calmer sa peur et ce n'est pas facile à faire. Chaque phobie peut donner lieu à un état d'anxiété différent selon la phobie elle-même. Dans certains cas, la peur se manifeste de manière atténuée. Dans d'autres cas, elle peut entraîner une forte réaction de panique. Si forte qu'on en perd même le contrôle.

Sans oublier les **troubles obsessionnels compulsifs**, non moins fréquents. Il s'agit d'un trouble très différent des troubles anxieux, qui doit être considéré à part entière. Ce trouble survient lorsque des pensées, des idées ou des actes récurrents apparaissent dans l'esprit de l'individu, l'incitant à adopter un comportement répété. Un mécanisme qui, en gros, cherche à atténuer l'anxiété "produite" par les idées. Par exemple, un trouble obsessionnel compulsif consiste à revenir plusieurs fois pour vérifier si la porte d'entrée de la maison a été verrouillée après être parti. L'individu, dans ce cas, n'est pas sûr de l'avoir fait et il y a une pensée dans son esprit qui l'amène à supposer le contraire. En réaction, l'individu peut retourner à plusieurs reprises à la porte d'entrée de sa maison pour vérifier s'il l'a effectivement verrouillée ou non. Il s'agit de l'anxiété habituelle causée par la crainte que des cambrioleurs entrent dans la maison parce que l'on a oublié de verrouiller la porte et emportent ce qui est précieux à l'intérieur. Dans la plupart des cas, la personne tente de minimiser ces obsessions en leur accordant peu d'importance. L'angoisse et la gêne produites deviennent à un moment donné insupportables et la nécessité de recourir à une psychothérapie professionnelle sérieuse pour traiter le trouble obsessionnel compulsif se fait sentir.

Les crises d'anxiété ou de panique ne doivent en aucun cas être confondues avec **le syndrome de stress post-traumatique**. Ce sont des troubles différents à la base. En effet, le syndrome de stress post-traumatique se caractérise par la présence continue de souvenirs désagréables, des sautes d'humeur, un sentiment de frustration et des problèmes psychologiques qui peuvent rendre l'individu incapable d'accomplir les actions normales de sa routine quotidienne. Dans une large mesure, les personnes atteintes ont souvent tendance à se remémorer diverses situations de leur passé, ce qui les amène à vivre dans une situation de négativité constante. L'exemple classique est celui des vétérans revenant d'un scénario de guerre, qui revivent, jour après jour, la mort de leurs camarades et les meurtres de leurs ennemis. L'anxiété est continue et est une conséquence du problème principal. Il n'est pas possible de traiter efficacement les différents problèmes du syndrome de stress post-traumatique sans l'aide d'un professionnel. Certaines personnes préfèrent ne pas consulter un spécialiste et essayer de résoudre le problème par elles-mêmes. Dans d'autres cas, plus extrêmes, certaines personnes mettent fin à leur vie en se suicidant afin d'éviter de souffrir et de vivre avec le souvenir d'événements traumatisants.

Anxiété et panique

Les principaux symptômes de l'anxiété

Si l'on avait des doutes sur la manière de reconnaître l'anxiété et que l'on ne se rendait pas compte que l'on y est confronté, il suffirait de considérer son symptôme le plus générique et le plus évident, à savoir l'agitation constante. Si ce dernier est présent en l'absence de danger, il s'agit alors presque certainement d'anxiété. A ce symptôme, fondamental pour la possibilité de poser un diagnostic complet, s'ajoute la peur des événements désagréables, on a l'impression de perdre le contrôle. Dans certains cas, d'autres problèmes peuvent également se manifester, tels que des maux de tête (symptôme d'un état d'anxiété chronique), un état de choc qui rend incapable d'agir et des troubles du sommeil, qui sont autant de conséquences dangereuses du trouble anxieux, car elles affectent négativement la qualité de vie générale des personnes. L'état d'anxiété peut également affecter le cœur par le biais de palpitations, qui peuvent se produire non seulement lorsque l'anxiété est ressentie, mais aussi la nuit ou au repos. C'est un mécanisme, directement lié au système nerveux parasympathique. Et ce n'est pas tout ! Parmi les conséquences de l'anxiété, on trouve même des douleurs thoraciques. Cette dernière n'a rien à voir avec le cœur ; la douleur provient d'une tension accrue dans les muscles pectoraux. Face à la sensation de danger, ils se raidissent involontairement, comme s'ils se préparaient à recevoir un mal de l'extérieur. Évidemment, le sujet pense immédiatement à des problèmes cardiaques et commence à s'inquiéter encore plus, ce qui aggrave le problème. Il peut également y avoir des symptômes qui apparaissent moins fréquemment, comme un essoufflement en position assise ou couchée et sans activité physique. En raison de l'inquiétude, on peut également souffrir de tremblements de la main : un état particulièrement visible chez les personnes qui sont souvent touchées par des crises d'angoisse particulièrement intenses ; sans oublier, par exemple, le mouvement continu.

Il a été observé que certaines personnes qui souffrent de crises d'angoisse essaient toujours de faire quelque chose. Lorsqu'ils sont assis, ils secouent leur genou, à droite ou à gauche, manifestant ainsi physiologiquement leur trouble. Enfin, il convient de mentionner la transpiration, qui est directement liée aux symptômes des palpitations. En cas d'anxiété, les personnes concernées peuvent avoir des sueurs froides : il ne s'agit pas d'une simple figure de style. Il s'agit plutôt d'un mécanisme précis de notre organisme qui, lorsqu'il perçoit la peur de quelque chose, émet de la sueur.

Dans différents cas, il a été démontré que les patients souffrant d'états anxieux présentaient d'autres symptômes. Parmi les plus fréquents figurent, par exemple, les maux d'estomac. Dans les psychothérapies modernes, on connaît divers exemples de situations réelles dans lesquelles, par exemple, une personne présentait des symptômes tels que la toux avant les examens en raison de l'inquiétude ou des maux d'estomac continus. Cette affection peut accompagner un large éventail de troubles digestifs (tels qu'une incapacité occasionnelle à digérer un aliment) ou de troubles intestinaux (la diarrhée "habituelle" avant un événement prévu).

Ces symptômes ne se manifestent pratiquement jamais en une seule fois. Une personne souffrant de troubles anxieux peut n'en manifester que quelques-uns, comme des palpitations et des sueurs, ou une toux et des maux d'estomac. Il peut donc être difficile pour l'individu de se diagnostiquer en essayant de comprendre ce qui le limite. D'autre part, une telle variété de symptômes permet de mieux identifier les situations dans lesquelles on est affecté par les crises de panique.

Certains des symptômes illustrés sont communs à d'autres pathologies. Si vous n'arrivez vraiment pas à comprendre ce à quoi vous avez affaire, vous pouvez envisager la meilleure solution : consulter un spécialiste. Si vous n'êtes pas en mesure de le faire, la bonne chose à faire et la plus efficace est de respirer profondément, d'essayer de vous calmer et de mieux analyser la situation en essayant de supprimer les stimuli négatifs pour votre corps. Une fois que la nature du problème dont souffre l'individu est comprise, il sera possible de procéder au choix d'un traitement. En revanche, si l'on s'adresse à un expert dans le domaine concerné, ce dernier aura tendance à prendre en considération plusieurs facteurs en menant des entretiens truffés de questions, utiles pour trouver l'origine et l'évolution du problème, ainsi que pour comprendre son intensité dans son état actuel et comprendre quelles sont ses manifestations. En s'appuyant sur la méthode clinique, le psychiatre va essayer de trouver des situations émotionnelles défavorables qui ont pu laisser des traces dans le psychisme du sujet. Lors de l'entretien clinique, diverses questions sont posées sur la consommation de certaines substances, comme le café en grande quantité, l'alcool et le tabac, qui pourraient être responsables de l'apparition de troubles anxieux. Le professionnel tente d'analyser les antécédents familiaux pour savoir si le trouble est héréditaire ou non. S'y ajoutent des analyses médicales, comme celles concernant des glandes telles que la thyroïde ou les glandes parathyroïdes. Grâce à l'action du système nerveux parasympathique, le spécialiste auquel on s'en remet peut mesurer la tension artérielle, voir s'il y a des arythmies cardiaques ou si l'individu ne présente pas de crises respiratoires résultant de troubles anxieux. Plus rarement, une analyse de la coloration de la muqueuse est effectuée : sa teinte rouge peut changer légèrement si l'on souffre d'un état d'anxiété perpétuel.

Le traitement n'est prescrit qu'après la phase de diagnostic, afin d'être sûr à 100% qu'il s'agit bien de ce problème et que la thérapie soit efficace. Cela ne s'applique pas à certaines techniques comportementales, que nous aborderons plus tard ; elles ne peuvent être appliquées avec succès que lorsque l'on soupçonne l'existence d'une anxiété ou d'une crise de panique et ne peuvent être utilisées que pour la prévention des troubles Le traitement n'est prescrit qu'après la phase de diagnostic, afin d'être sûr à 100% qu'il s'agit bien de ce problème et que la thérapie soit efficace anxieux.

Il est bon de rappeler qu'il faut parfois environ 6 mois d'observation continue pour diagnostiquer un trouble anxieux. Les jours où un tel trouble peut survenir peuvent être moins nombreux que ceux où l'anxiété ne se manifeste pas. La bonne nouvelle est que ce trouble ne prend pas toujours sa forme chronique. C'est pourquoi il peut être plus facile de le traiter à un stade précoce.

L'anxiété : chronique ou aigüe

Comme pour la plupart des troubles, qu'ils soient physiologiques ou psychologiques, les troubles anxieux se divisent en deux grands types : les troubles chroniques et les troubles aigus. La forme chronique est certainement la plus fréquente. Néanmoins, les personnes sujettes à une agitation fréquente et réagissant à des stimuli plus légers par une préoccupation exagérée peuvent présenter des signes d'anxiété aiguë. Ce dernier est, sans aucun doute, un trouble aussi exclusif que rare. La principale différence réside dans les symptômes : ils sont plus intenses dans la forme aiguë que dans la forme chronique. Essayons de comprendre quelles sont les différences entre l'anxiété aiguë et l'anxiété chronique, et essayons de mieux comprendre quelles sont les conséquences de ces formes pathologiques.

L'anxiété aiguë se manifeste par une agitation incroyablement forte associée à un sentiment constant d'alarme, plus fort que dans le cas de l'anxiété chronique. Les personnes qui en souffrent peuvent apprendre à être calmes et tranquilles, mais, en cas de crise d'angoisse aiguë, elles font preuve d'une grande agitation. L'anxiété aiguë est plus dangereuse que l'anxiété chronique, car elle entraîne une détérioration plus rapide de l'organisme. C'est pourquoi il est nécessaire d'intervenir le plus rapidement possible afin de guérir le trouble sans trop de difficulté. Le principal signe de l'anxiété aiguë est la forte sensation de panique soudaine. Contrairement à la forme chronique, l'anxiété aiguë implique l'apparition de crises de panique pratiquement tous les jours et, dans la grande majorité des cas, la personne affectée ne comprend même pas pourquoi. Elle s'agite, bouge les mains et les jambes, crie parfois, car elle perçoit l'arrivée d'un danger inconnu. Les crises d'angoisse aiguës peuvent devenir encore plus intenses si l'on consomme des substances stimulantes, telles que le café, la nicotine ou l'alcool : celles-ci donnent un "coup de fouet" au système nerveux, intensifiant les différents troubles dont souffre la personne. L'anxiété aiguë peut disparaître après le traitement, mais ne peut pas vraiment être éliminée. Pour être sûr que l'anxiété aiguë a réellement été guérie, un minimum de 6 mois doit s'écouler depuis la dernière crise, sans que les symptômes d'anxiété ou de crises de panique n'apparaissent. Pendant cette période, l'utilisation de stimulants risque d'entraîner une recrudescence du trouble. Pour que cela ne se produise pas, le sujet doit nécessairement s'abstenir de toute source "dangereuse" qui pourrait l'amener à faire une crise. Et ce n'est pas tout : il faut apprendre à lutter en permanence contre ce trouble, en gérant les crises qui peuvent survenir. Il s'agit d'un système de prévention : pour réussir, il faut constamment mettre en pratique les différentes techniques comportementales qui permettent de gérer ses émotions.

Les troubles anxieux aigus ne doivent pas être confondus avec les troubles chroniques, qui sont les plus fréquents. Comme mentionné précédemment, dans ce cas, il n'y a pas de crises intenses, mais plutôt un état d'alarme qui reste constant. Les troubles chroniques ont tendance à s'aggraver, surtout face à des situations de peur qui pourraient intensifier l'anxiété. À ce stade, la personne peut présenter des symptômes d'anxiété aiguë, devenant agitée et agitatrice. L'anxiété chronique dure plus longtemps et, étant donné qu'il s'agit d'un sentiment négatif constant, elle peut avoir des effets négatifs plus importants sur la vie sociale et professionnelle de la personne qui en souffre.

L'approche thérapeutique requise pour le traitement peut varier considérablement en fonction du type d'anxiété, mais le succès dépend du patient lui-même, de la durée de la maladie et d'autres conditions. Lors du choix du traitement, on évalue non seulement la forme de la pathologie, mais aussi de nombreux autres détails. En tout état de cause, il ne faut pas se laisser abattre par cette affection : les troubles anxieux ne sont plus condamnés depuis des années. Que l'on souffre de la forme aiguë ou chronique, il est possible de sortir de ce qui semble être un tunnel sombre et sans lumière. Un tunnel effrayant qui semble sans fin, impliquant de nombreux problèmes et de nombreuses difficultés, mais l'espoir ne doit jamais être perdu.

Les différences entre crise de panique et anxiété

Les crises de panique et l'anxiété font souvent l'objet d'une grande confusion. En fait, les deux troubles sont souvent confondus, bien qu'ils agissent par un mécanisme différent.

Il faut dire que les différences ne sont (apparemment) pas nombreuses et que celles qui existent sont subtiles. Bien qu'il y ait des similitudes à prendre en compte, il existe également de nombreuses différences exprimées en intensité et en durée. Les deux conditions peuvent être incroyablement ennuyeuses. Et c'est précisément ce facteur qui les rend dangereux. En fait, les **crises de panique** ont plus de similitudes avec l'anxiété aiguë qu'avec l'anxiété chronique, car le mécanisme qui sous-tend leur action est similaire.

En ce qui concerne les différences, il faut remarquer le mode d'apparition. L'anxiété, comme nous l'avons déjà mentionné, est continue ; ceci est évident dans sa forme chronique. Elle est perçue en permanence, parfois plus intensément que les autres fois. La crise de panique frappe soudainement : elle arrive sans prévenir, au moment où la personne s'y attend le moins. Parmi les symptômes caractéristiques de ce trouble, il convient de noter la place prépondérante qu'occupe la tachycardie. En cas de crise de panique, le rythme cardiaque s'accélère immédiatement et peut atteindre des pics assez élevés. En cas d'anxiété, le rythme cardiaque peut être supérieur à la moyenne de la personne au repos. Un sursaut intense ne se produit pas à un moment unique, mais constitue plutôt un état anormal continu. Dans le cas des crises de panique, des plaintes telles que des douleurs thoraciques et des vertiges ou des pupilles dilatées apparaissent plus fréquemment. Le sentiment de mort imminente, qui est en fait typique des troubles anxieux, s'accompagne de pensées de perte de contrôle. Dans la forme chronique de l'anxiété, la personne est encore capable de rationaliser les processus et le sentiment de perte de contrôle ne se produit que dans quelques cas, alors que pendant les crises de panique, le contrôle est perdu en permanence. En revanche, les patients souffrant de crises d'angoisse auront plus de mal à s'endormir, ressentiront une grande tension musculaire, pourront ressentir une forte irritabilité (ce qui les conduit à être nerveux dans le calme), auxquels s'ajouteront des nausées, une transpiration excessive et même des difficultés de concentration. Ces symptômes apparaissent si l'anxiété est négligée et parvient à progresser.

La physiologie des deux problèmes est également radicalement différente. La crise de panique survient à la suite de l'activation du système nerveux lié à la peur, c'est-à-dire le système nerveux sympathique. Cela se produit principalement à un moment où il n'y a pas de danger, mais où l'amygdale, la partie du cerveau humain responsable des émotions, est activée. Cela conduit à la libération massive d'adrénaline. Le corps est pratiquement rempli de cette substance, ce qui entraîne rapidement d'autres problèmes. Il convient de noter que l'adrénaline est également libérée dans l'organisme lors des crises d'angoisse. Toutefois, les concentrations libérées dans l'organisme sont manifestement plus élevées dans le cas des crises de panique que lors des crises d'angoisse. Parmi les premières à être activées, causant des problèmes à l'organisme, figurent les glandes surrénales, qui sont responsables de l'apparition des symptômes non seulement émotionnels, mais aussi physiques, typiques des crises de panique. Dès que la vague de panique s'estompe, l'organisme entier revient à la normale. Le rythme cardiaque ralentit sensiblement, la tension artérielle se normalise ainsi que les autres paramètres vitaux. Déjà 2-3 minutes après la fin de la crise de panique, rien ne semble s'être passé. Une situation calme après la tempête.

Les **crises d'angoisse** peuvent avoir un mécanisme physiologique similaire. Dans ce cas, l'amygdale est activée, mais la réponse du corps n'est jamais aussi intense. Il existe une différence majeure dont il faut tenir compte pour comprendre si l'on a affaire à des crises de panique ou à des troubles anxieux : la libération de l'hormone cortisol. Cette dernière, comme mentionnée précédemment, est responsable du stress ; elle est libérée dans le sang en une concentration plus élevée lors de l'apparition de troubles anxieux que lors des crises de panique. C'est pourquoi les personnes souffrant d'anxiété se fatiguent plus facilement et souffrent davantage d'un stress accru que les personnes sujettes aux crises de panique.

En parlant des différences entre les crises d'angoisse et les crises de panique, on ne peut pas non plus oublier le moment où elles surviennent. Le moment de l'apparition est différent. Selon les particularités de l'individu, une crise de panique peut durer de 5 à 30 minutes environ. Elle apparaît brusquement et disparaît tout aussi rapidement. En effet, c'est le corps lui-même qui ne peut maintenir une réaction de peur pendant trop longtemps. En général, les personnes sûres d'elles-mêmes et dotées d'un état psychologique solide ont des crises de panique qui peuvent être plus courtes que les individus qui sont enclins à paniquer sans raison, mais à la fin d'une crise de panique, il est possible que les fameuses " répliques " se produisent. Il s'agit d'une autre réponse normale de notre organisme aux stimuli : une fois la situation de peur passée, il se prépare à revenir à la normale. Dans la plupart des cas, ces répliques sont rationnelles et sont déclenchées par la pensée de l'arrivée d'une autre crise de panique. Dans tous les cas, c'est un phénomène qui ne dure pas longtemps (environ trois minutes) et à sa fin, l'organisme revient complètement à la normale. La présence de répliques pendant les crises de panique est normale, il ne faut donc pas s'alarmer si l'on perçoit de telles perturbations, pour ne pas prolonger l'état dans lequel on se trouve.

Les crises d'angoisse sont une conséquence de la présence du trouble chronique ou aigu et peuvent durer assez longtemps, dans certains cas jusqu'à cinq heures. Elles sont donc plus invalidantes que les crises de panique, car elles diminuent les facultés de la personne plus longtemps. Une crise d'angoisse dans sa forme chronique est différente de la forme aiguë. Dans ce dernier cas, l'apparition des symptômes est moins durable, mais plus intense. Elle est donc souvent reconnue comme une forme intermédiaire entre les crises de panique et l'anxiété chronique. Aucune des deux formes n'apparaît rapidement (bien que la forme aiguë s'active plus brusquement que la forme chronique, conduisant à une crise) et toutes deux tendent à disparaître plus lentement.

Un autre facteur à ne pas négliger est le cœur. Les crises de panique peuvent partager divers symptômes avec les crises cardiaques. C'est pourquoi, en présence de ces signes, la personne commence à être encore plus agitée, rendant l'événement plus terrifiant et traumatisant. Ce qu'il faut faire pour se calmer, c'est écarter la possibilité qu'il s'agisse vraiment d'une crise cardiaque. Pour ce faire, il convient d'examiner les différences entre les crises de panique et les crises cardiaques. Dans ce dernier cas, la personne peut ressentir une douleur lancinante dans le côté gauche de la poitrine, une douleur intense et aiguë qui la rend souvent incapable de bouger. Dans le cas des crises de panique, ce n'est pas le cas, mais la personne peut ressentir une douleur d'intensité moyenne à Léger dans la région de la poitrine. Les crises cardiaques sont presque toujours accompagnées d'une sensation d'évanouissement. C'est comme si l'on était sur le point de perdre conscience : des vertiges et des étourdissements arrivent, accompagnés d'une sensation de faiblesse et d'épuisement. Dans le cas des crises de panique, des vertiges peuvent survenir, mais de manière plus subtile. Les crises cardiaques sont capables d'affecter la respiration. Une sensation de manque d'air se produit et il semble que l'on ne puisse pas respirer correctement. Ce dernier est un symptôme souvent négligé pour le diagnostic des crises cardiaques, mais c'est aussi l'un des signes d'alerte les plus pertinents pour les distinguer des crises de panique. Dans le cas des crises de panique, la respiration peut s'accélérer, mais il n'y a pas la sensation de manque d'air commune aux situations de crise cardiaque. Il convient également de prêter attention aux sensations de nausée et aux sueurs froides. Bien qu'il ne s'agisse pas de symptômes exclusifs pour le diagnostic des crises cardiaques, il s'agit d'un état à ne pas sous-estimer, qui peut être explicatif d'une crise cardiaque.

Après avoir écarté les éventuels problèmes cardiaques, pour calmer une crise d'angoisse, il faut **penser à autre chose**. Le conseil le plus fréquent donné par les médecins est d'essayer de se distraire, peut-être en se consacrant à des activités de routine, mais il faut apprendre à le faire, car ce n'est pas du tout aussi intuitif que cela peut paraître à première vue. La suggestion des praticiens est de déplacer son attention "en douceur" (c'est-à-dire sans se forcer) de la situation actuelle vers des activités telles que les études, le sport, la cuisine, les jeux vidéo ou les séries télévisées. Ainsi, le cerveau va agir selon un mécanisme précis, ramenant le corps à la normale.

Pour calmer une crise d'angoisse, penser aux problèmes de la vie quotidienne peut parfois ne pas suffire. Dans ce cas, des techniques de relaxation doivent être pratiquées. Parmi les plus recommandées par les professionnels figurent la respiration profonde, le Tai-Chi, les exercices d'apaisement ou le yoga. Pour éliminer le problème, on recommande la méditation ou les pratiques qui aident l'individu à se concentrer et à acquérir une nouvelle conscience, en apprenant à avoir une nouvelle relation avec eux.

Une précision doit être apportée à ce stade afin que les lecteurs ne soient pas désorientés. L'anxiété est un état qui peut conduire aussi bien à une crise de panique qu'à une crise d'angoisse. Les personnes qui souffrent de troubles anxieux aigus ou chroniques peuvent être affectées par des crises de panique. L'inverse est également vrai : quelques crises de panique surgies de nulle part peuvent rapidement conduire à un sentiment constant d'agitation, la personne craignant que d'autres crises ne surviennent. Cette condition est encore plus prononcée si les crises ont été générées par des situations ostensibles. Par exemple, si une erreur a été commise au travail et qu'une crise de panique se produit par la suite, l'individu peut continuer à souffrir d'une anxiété constante due à la peur de commettre une autre erreur et de perdre ensuite son emploi. Ainsi, l'organisme réagit naturellement à une menace (celle de perdre son emploi), pour la seule raison que la personne est sûre qu'une telle menace existe et qu'elle pourrait être désastreuse pour sa vie. Dans ce cas, il est toutefois conseillé de procéder à un traitement approprié afin d'éliminer le problème à sa racine.

Pourquoi souffrons-nous d'anxiété et de crise de panique ??

À ce stade, un autre problème doit être spécifiquement abordé. Plusieurs personnes se demandent : "Mais pourquoi est-ce que je souffre d'anxiété et de crises de panique alors que mon collègue de travail, dans la même situation que moi, n'en souffre pas ?". Il n'est pas facile de répondre à cette question. La raison principale est qu'il existe une prédisposition selon laquelle certains individus sont plus enclins à ce type de troubles que d'autres, tout comme certaines personnes tombent plus facilement malades de certaines maladies physiques que d'autres. En effet, comme nous l'avons précisé plus haut, les personnes caractérisées par une anxiété caractérielle sont plus susceptibles de développer des formes plus aiguës d'anxiété. Il ne semble pas y avoir de prédisposition génétique, mais on ne dispose pas encore de suffisamment de données et d'informations pour pouvoir l'affirmer avec certitude. Il est certain que l'état psychologique de la personne, ainsi que les expériences qu'elle a vécues, influence la possibilité de survenue de crises de panique ou la manifestation des symptômes d'anxiété. Tout comme il est possible qu'il y ait un rôle héréditaire dans l'apparition de ces troubles. Il s'agit d'une réponse à un stimulus, qui peut être de nature différente. On croit, en effet, que l'anxiété ou les crises de panique ne surviennent qu'à la suite d'un stimulus externe, mais ce n'est pas toujours le cas. L'anxiété peut survenir en réponse à des stimuli internes. Parmi les nombreux exemples que l'on peut donner de ce point de vue, une place importante est occupée par le fameux "dialogue interne négatif". La personne essaie de réfléchir à sa situation, se parle à elle-même et, se rendant compte que les choses ne vont pas bien, commence à ressentir un certain sentiment d'inquiétude et d'agitation. Cet état est typique de ceux qui sont déjà tendus ou nerveux pour une raison quelconque, peut-être à cause d'une situation de vie non optimale, parce qu'ils pensent à leurs parents qui veulent divorcer ou parce qu'ils ne savent pas s'ils pourront vraiment terminer leurs études de la meilleure façon. Sans oublier les sportifs qui se sentent anxieux avant les compétitions : ils ne peuvent pas dormir précisément à cause des nombreuses pensées qui traînent dans leur esprit et qui les obligent à rester éveillés.

Identifier l'étincelle qui déclenche le mécanisme d'anxiété commun est assez simple : il peut s'agir de l'attente de quelque chose ainsi que de l'insécurité avant un événement (comme un examen), mais aussi d'un événement traumatique. Il est plus difficile de trouver la cause des crises d'angoisse, qui peuvent se développer sans raison et arriver sans prévenir.

Comme l'a montré l'histoire de la psychothérapie, les véritables causes des troubles anxieux ou des crises de panique se trouvent dans l'histoire subjective des individus. En effet, nous avons tous vécu des moments cruciaux qui ont pu conduire à l'apparition du problème. Dans la plupart des cas, nous ne nous rendons même pas compte qu'un tel événement a pu être traumatisant pour nous. Nous ne la percevons comme telle que quelque temps plus tard, et dans certains cas, il peut même s'écouler plusieurs années avant que les effets de cette expérience ne deviennent apparents. Les raisons qui ont déclenché les problèmes peuvent être les plus diverses et changer en fonction des caractéristiques personnelles de la personne elle-même. C'est précisément la raison pour laquelle une longue phase d'analyse et de recherche est nécessaire pour pouvoir identifier l'origine des différents problèmes.

Savoir reconnaître les causes qui conduisent aux troubles anxieux ou aux crises de panique est important, car, dans la perspective du traitement et de la prévention du problème, cela permet de fournir aux spécialistes davantage d'outils pour son traitement. La plupart des professionnels s'accordent à dire que le déclencheur est dans de nombreux cas un événement stressant de nature psychologique, alors que plus rarement la cause est physique. Tout a une cause et l'anxiété ne fait pas exception.

Parmi les raisons les plus évidentes qui contribuent à l'émergence de l'anxiété chez le sujet, le stress psychologique vécu occupe une place particulière. Les événements les plus courants qui peuvent la provoquer sont les séparations, les deuils, les échecs scolaires, les problèmes sentimentaux ou financiers, les déménagements, les pertes d'emploi, mais aussi les événements positifs, tels que les mariages, la prise d'un nouvel emploi, les promotions dans un nouvel emploi, les succès sportifs et, en général, tout ce qui augmente de manière significative le sens des responsabilités. Ce dernier contribue à son tour à accroître le stress et la tension, ce qui entraîne le développement de l'anxiété. L'événement déclencheur peut être recherché par le patient ainsi que par le médecin pendant le traitement. Il est essentiel d'évaluer les différents événements qui ont pu déclencher le problème afin de trouver le bon. Comme nous l'avons déjà mentionné, cette démarche doit être approfondie, sinon le risque est de ne traiter l'anxiété que de manière superficielle.

Un autre déclencheur est le **stress physique**. Ce dernier peut être dû, par exemple, à une surcharge d'études et de travail qui conduit à un état d'épuisement et de fatigue. À cela s'ajoute l'abus de substances qui détériorent notre organisme comme l'alcool, les drogues ou les médicaments.

Sans parler des régimes alimentaires malsains, en raison desquels le corps ne reçoit pas suffisamment de nutriments, ce qui entraîne un stress physiologique considérable pour l'organisme. Enfin, des raisons telles que le manque de sommeil, diverses affections médicales plus ou moins graves et même l'hypoglycémie ressortent. Il est conseillé de procéder à une évaluation au cas par cas, en essayant de combiner la recherche des causes psychologiques avec celle des éventuelles causes physiologiques.

Enfin, les caractéristiques de la personnalité, qui sont différentes pour chacun d'entre nous, doivent être prises en compte. Elles sont représentées par la façon dont on se comporte habituellement, les émotions que l'on ressent et la façon dont on essaie d'interagir avec les autres. Nous parlons de la "personnalité", qui ne peut être ignorée si l'on veut comprendre pourquoi certaines personnes souffrent d'anxiété et de crises de panique alors que d'autres n'en souffrent pas. L'identité psychologique du sujet est d'un grand intérêt, car les personnes qui souffrent d'anxiété se décrivent comme particulièrement émotives et sensibles ; de leur propre aveu, elles peuvent facilement s'angoisser pour des causes insignifiantes. Les personnes présentant ce type de caractéristique sont plus sujettes aux crises de panique et aux troubles anxieux. C'est précisément la sensibilité psychologique personnelle qui est l'une des raisons les plus essentielles pour lesquelles certains souffrent de ces troubles et d'autres pas : il y a simplement des individus qui sont moins sensibles et d'autres qui le sont plus. Il ne s'agit pas d'une faiblesse ni d'une négativité : c'est un trait caractéristique de la psyché humaine qui n'a aucune connotation de valeur. Il est considéré comme un détail pertinent pendant la thérapie, rien de plus. Les personnes les plus sensibles ont tendance à réagir de manière incontrôlée aux événements stressants et là où les personnes moins sensibles s'en sortent avec un simple haussement d'épaules, chez d'autres, ces événements provoquent des réactions alarmantes sur lesquelles elles concentrent leur attention. Cela entraîne donc les réponses physiologiques précises déjà illustrées. Paradoxalement, ces réactions de notre organisme sont interprétées par celui-ci comme des signaux de danger, déclenchant ainsi une réaction en cascade (une sorte de cercle fermé). Si la réaction n'est pas arrêtée et que la situation se répète plusieurs fois, une crise de panique peut être déclenchée.

En parlant des réponses physiologiques de notre organisme au stimulus de la peur, on ne peut ignorer une autre cause pertinente qui peut conduire à une crise de panique, mais qui est générée par le trouble anxieux : l'hyperventilation. Il s'agit de la respiration excessive commune à toutes les phobies, un mécanisme qui peut même aggraver les différents symptômes de l'anxiété ou de la crise de panique. Tant que la personne qui souffre a peur de souffrir (le même cercle fermé), la situation s'aggrave dramatiquement. L'hyperventilation est non seulement dangereuse pour cette raison, mais aussi parce qu'elle modifie considérablement l'équilibre entre le dioxyde de carbone et l'oxygène dans le sang. L'équilibre de ces deux substances est maintenu par un rythme précis de la respiration et de sa profondeur. Dans des conditions normales, on effectue environ 12 respirations par minute. Comme on le sait, la respiration est un processus qui peut être contrôlé soit automatiquement, soit volontairement. Dans les situations que nous percevons comme dangereuses, nous pouvons avoir un besoin accru d'oxygène. Involontairement, nous avons tendance à respirer plus profondément et plus fréquemment afin d'obtenir plus d'énergie pour combattre ou échapper au danger. Tant qu'il s'agit d'un état involontaire, nous ne le contrôlons pas et une baisse sensible du dioxyde de carbone se produit, car cette substance diminue proportionnellement à la concentration d'oxygène. En réponse à ce problème, certains vaisseaux sanguins de notre corps se resserrent. Tant que le diamètre des vaisseaux diminue, moins de sang atteint certaines zones de notre corps et, paradoxalement, l'oxygène a plus de mal à être libéré dans les tissus. Cela entraîne l'apparition des symptômes de la crise de panique, mais ce problème peut être beaucoup plus dangereux que le second, car la diminution des concentrations d'oxygène absorbées par les tissus peut entraîner divers problèmes au niveau de ceux-ci. Le tissu lui-même pourrait être endommagé. Fort heureusement, il s'agit d'un état qui se produit rarement, mais pour minimiser le risque et éviter qu'il ne se produise, il est préférable de se calmer en ramenant son esprit, avant même son corps, à la normale. Les personnes qui sont capables de le faire sont celles qui se rendent compte des nombreux avantages qu'elles en tirent.

Dès que l'on maîtrise ses émotions, on dispose d'un atout supplémentaire qui peut nous aider, littéralement, partout : au travail, dans la pratique d'un sport, dans la salle de classe de l'école ou de l'université, et dans d'autres situations. De toute évidence, il faudra du temps, du dévouement et de la persévérance pour parvenir à maîtriser ses peurs... mais nous y reviendrons plus tard.

Les situations qui génèrent des troubles d'anxiété

Comme nous l'avons mentionné précédemment, il existe des facteurs particuliers capables de déclencher l'anxiété. La psychiatrie moderne distingue les situations pathologiques en fonction des attentes et des besoins du sujet. Il s'agit de situations différentes et personnelles et des causes qui varient profondément d'une personne à l'autre. Nous allons donc présenter un aperçu général des aspects psychologiques susceptibles de déclencher le mécanisme des troubles anxieux.

- Parmi les "étincelles" les plus populaires, il y a la classique, liée aux attentes de chacun. Tous les êtres humains ont un objectif à atteindre ; un petit cercle est encore plus sélectif et pense qu'il doit tout faire, tout de suite et au mieux de ses capacités pour obtenir les meilleurs résultats possibles. Et ce, pour diverses raisons : ne pas avoir le sentiment d'avoir "perdu" la journée, donner un sens à sa vie, faire en sorte que les autres puissent prendre la personne en question en exemple. Ce sont les personnes surmenées typiques : celles qui écrivent chaque jour une liste interminable de choses à faire. Ce besoin est contrebalancé par le besoin de se détendre et d'avoir du temps pour soi. C'est précisément ici qu'intervient le choc de deux volontés différentes, qui peut générer du stress. Car si la partie consciente du sujet est consciente qu'elle doit faire ce qu'elle s'est fixé, la partie inconsciente voudrait se ménager du temps pour elle, se détacher du monde. Et quand on tire trop fort sur la corde, elle se rompt assez facilement. Après un certain temps, réalisant qu'il ne peut pas tout suivre, l'individu commence à ressentir de l'anxiété. Plusieurs "trous" sont créés dans sa vie : des choses qui ne sont pas faites, qui attirent l'attention. Le "voudrait", à ce stade, s'oppose de plus en plus au "devrait" : de cet affrontement, qui n'est en fait pas immédiatement identifiable, naît le problème même de l'anxiété. La bonne nouvelle, c'est que dans certains cas, il est possible de l'apaiser en laissant plus de place à ses souhaits personnels et en allégeant ses devoirs et obligations. Réussir n'est pas anodin : c'est une de ces possibilités qui méritent d'être retenues. Et si le sujet constate l'apparition d'une anxiété suite à une période où il s'est réservé trop peu de temps pour lui, il serait préférable qu'il se déconnecte un moment. Il est parfois préférable de réduire l'intensité du travail, d'annuler divers engagements afin de se ménager plus de temps pour soi. Si cela ne fonctionne pas et que l'on continue à se sentir anxieux malgré ses efforts, il suffit de consulter un spécialiste.

- Un autre type d'**anxiété** bien connu est l'anxiété des **adolescents**. Cette dernière, typique de l'âge de référence, s'exprime davantage chez la femme que chez l'homme. Nous parlons de l'anxiété qui résulte du contraste entre les pensées du "devoir" et la volonté propre. Chez les adolescents, en fait, il y a une tension intérieure constante. C'est lié à l'idée de devoir grandir, mûrir, devenir adulte, aborder le monde du travail. À l'inverse, un autre sentiment persiste en eux : le désir de rester jeune, de s'amuser, de ne pas perdre cette part d'enfance que beaucoup d'adultes ont perdu. Il ne s'agit pas d'un type d'anxiété à sous-estimer, en pensant qu'il est sans importance et qu'il passe pour de l'adolescence. Il s'agit d'un type d'anxiété qui, avec le temps, a conduit à des formes aiguës de dépression et, dans certains cas, même au suicide. Lorsque le conflit entre "devoir" et "vouloir" est déclenché chez les adolescents, diverses conséquences désagréables peuvent survenir. Il s'agit, par exemple, des fameux blocages d'étude. Dans plusieurs cas, le côté "devoir" l'emporte : c'est l'exemple parfait de tous ces adolescents qui consacrent beaucoup de temps aux activités scolaires et obtiennent d'excellents résultats. Dans d'autres cas, la partie "envie" se manifeste davantage : c'est le cas des adolescents qui, au lieu d'étudier, préfèrent se consacrer à d'autres activités. Dans le second cas, il est difficile que l'anxiété se manifeste, mais c'est toujours possible. Cela se produit lorsque l'adolescent se rend compte qu'il doit passer moins de temps sur "je veux" et plus sur "je dois". Il prend donc sur lui d'étudier davantage et de faire plus d'efforts, ce qui n'aboutit pas toujours aux résultats escomptés. L'exemple des adolescents engagés dans des études est celui qui conduit le plus à des troubles anxieux. Les jeunes, dans ces cas, se trouvent constamment dans un état de tension, dans l'attente de résultats, ressentant le besoin d'améliorer leurs performances. Cela provoque non seulement le malheur, mais aussi des troubles anxieux avec les crises de panique qui en découlent. Dans ce cas, on entre dans une sorte de cercle vicieux et il devient également difficile d'avoir une relation satisfaisante, ce qui est d'une grande importance à l'adolescence. Différents individus commencent à manifester les premières phobies et peurs. Il peut arriver que les crises de panique entravent à la fois les zones "je dois" et "je veux", mais dans une large mesure, elles entraînent une aggravation d'au moins l'une des deux. Le domaine étude ou le domaine relationnel peuvent être endommagés : beaucoup de choses changent selon l'histoire et la disposition psychologique du sujet. Selon la tendance qui prévaut, l'adolescent peut se réfugier dans l'un ou l'autre domaine. Évidemment, la meilleure situation est celle de l'équilibre : un État qui fournit au sujet ce dont il peut avoir besoin.

- La psychiatrie identifie une autre situation, dans laquelle on a le sentiment de devoir faire face au "devoir", par opposition à la peur du devoir. On pourrait en fait parler d'une variante de l'anxiété mentionnée plus haut. Il se manifeste sous une forme plus légère et représente un moment "passager". La personne ne sait pas vraiment comment réagir à une certaine situation, ce qui crée un certain découragement dans son psychisme. Dans ce cas, l'anxiété ne provient pas tant des attentes que de la **peur**. Un exemple classique de ce point de vue concerne le rejet. Le problème est plus profond qu'il n'y paraît, car l'individu peut même vouloir faire face à cette situation, mais en avoir peur dans son inconscient. Ce n'est pas une coïncidence si, vers la fin de la cinquième année d'études secondaires, de nombreux problèmes surviennent souvent : crises de panique, anxiété de performance et problèmes de concentration en vue des examens à venir. Outre l'échec scolaire, un autre bon exemple peut être cité : lorsqu'on affronte un adversaire de taille dans le sport. Dans ce cas, la seule différence est que les conséquences de la défaite pourraient être assez lourdes et dommageables. Une situation quelque peu similaire est celle de la remise des diplômes : on arrive à la fin d'un cursus d'études, mais on se sent triste, en colère, peu concentré et anxieux. Des pensées diverses et variées surgissent dans l'esprit, allant de positives à particulièrement négatives : des enfants possibles, du mariage, de la cohabitation, à l'impossibilité probable de trouver un emploi. Dans une telle éventualité, le "devoir" se heurte violemment à la "volonté", ce qui donne lieu à des troubles anxieux.

- Une autre situation susceptible de déclencher l'anxiété est celle relative à la vie de couple. Sans l'ombre d'un doute, les relations amoureuses sont un terrain incroyablement fertile pour diverses situations très désagréables. En effet, une crise de couple (un classique qui peut provoquer des troubles anxieux et conduire à des crises de panique) peut survenir et la pensée peut surgir dans l'esprit que désormais le partenaire actuel ne convienne plus à ses besoins ou à sa façon d'être. Cela s'applique non seulement à son partenaire, mais aussi à son travail ou à ses études. On peut se rendre compte à un moment donné que l'on a pris le mauvais chemin, que l'on ne veut plus le faire. C'est alors que surgit un conflit interne que l'on ne peut tout simplement pas ignorer. Ce dernier conduit à une anxiété de changement perçue : l'individu ressent le besoin de changer, mais pense que, peut-être, il n'est pas très doué pour cela. Divers doutes, de nombreux dilemmes et autant de perplexités surgissent. Une situation est créée dans laquelle deux "tensions", deux "forces" se poussent l'une contre l'autre : je dois, mais je ne sais pas si je peux ; je voudrais, mais je ne sais pas si je peux. D'une part, il y a l'envie de ne pas abandonner, et d'autre part, il y a la perception d'un obstacle traditionnel qui conduit à l'abandon. Une situation psychologique, celle-là, qui, sans aucun doute, peut conduire à toute une série d'autres problèmes. Les résoudre n'est pas facile, et en l'absence d'aide professionnelle, la ficelle lâche dans la Psyché du sujet. Les crises de panique deviennent alors monnaie courante, et il est essentiel de répéter que plus tôt le traitement est entrepris, mieux la personne se porte. Le conseil est que le traitement ne doit être effectué que par un professionnel : il s'agit d'une situation à ne pas sous-estimer.

- Enfin, parmi les exemples les plus classiques de situations à l'origine des crises d'angoisse, on ne peut oublier le contraste entre des émotions fortes et l'impossibilité de les exprimer. L'anxiété, dans ce cas, naît précisément parce que les émotions sont une sorte de "gaz" qui est recueilli dans un récipient fermé : le "psychisme humain". Si ce "gaz" n'est pas évacué, il finit par remplir tout le récipient et, tôt ou tard, il le brise, le fait exploser et provoque une crise de panique. Pendant qu'il remplit le récipient, l'individu peut ressentir un sentiment constant d'alarme, de danger. Pour éviter que cela ne se produise, il faut se rappeler de ne pas réprimer ses émotions trop longtemps. La colère ou l'agressivité doivent "sortir" ; la tristesse doit être montrée et si l'on a besoin de pleurer, pourquoi se retenir ? Il n'y a aucune raison pour qu'un sujet n'exprime pas ses sentiments. Pourtant, les cas d'anxiété déclenchée par la situation dans laquelle le sujet perçoit des émotions telles que la colère ou la tristesse, mais est incapable de les exprimer, sont de plus en plus nombreux. Après tout, le monde change : les personnes concernées ont le sentiment de ne plus pouvoir exprimer leurs sentiments comme elles le faisaient auparavant. Elles gardent tout à l'intérieur et " explosent " ensuite avec diverses crises de panique, se retrouvant sans préparation face à une situation qui peut devenir dramatique.

Il s'agit de situations qui s'ajoutent à celles mentionnées précédemment, où l'anxiété ne découle pas de l'opposition entre le "désir" et le "devoir", mais d'un stress psychologique (deuil, divorce, défaite) ou physique. Elles affectent la partie la plus profonde de notre être, déclenchant des sentiments contradictoires. La recherche doit donc s'effectuer dans l'histoire personnelle des sujets. En trouvant la racine de la pathologie, il devient plus facile d'éliminer le problème plutôt que de s'en remettre à un traitement symptomatique.

Pour réussir cette mission difficile, l'individu doit analyser soigneusement sa propre histoire, afin de comprendre quand, exactement, il a commencé à ressentir de l'anxiété, quels événements particuliers ont eu lieu dans sa vie. Cette démarche n'est pas intuitive et si l'on ne sait pas comment mener cette recherche, on a de fortes chances d'échouer.

Les troubles de paniques : caractéristiques et manifestations

Il existe un autre trouble qu'il ne faut pas sous-estimer : il s'agit du DAP, **le trouble de la crise de panique**. Nous avons affaire à un trouble psychologique à 100 % dont la principale caractéristique est la survenue répétée d'épisodes d'anxiété aiguë. Parmi les nombreux types de troubles anxieux, le trouble de la crise de panique est l'un des plus dangereux, car il peut se manifester sur le plan physique. Les personnes qui souffrent de certaines maladies des voies respiratoires, comme les asthmatiques, sont plus susceptibles de manifester divers problèmes liés au trouble de la crise de panique.

Le trouble de la crise de panique figure dans le *DSM-5, le Manuel diagnostique et statistique des troubles mentaux*, dans le chapitre consacré aux troubles anxieux.

Selon le *DSM-5*, le trouble de la crise de panique peut être diagnostiqué si au moins quatre des symptômes suivants sont présents :

- palpitations ou tachycardie
- la transpiration,
- des nausées ou des douleurs abdominales,
- des tremblements,
- douleur rétrosternale,
- des frissons ou des bouffées de chaleur,
- sensation d'essoufflement ou difficulté à respirer,
- sensation d'étouffement,
- paresthésie (sensation de picotement ou engourdissement),
- des étourdissements ou une sensation

d'évanouissement,

- déréalisation (sentiment d'irréalité) ou dépersonnalisation (sentiment de séparation d'avec soi-même),
- le sentiment de perdre le contrôle ou de "devenir fou",
- la peur de mourir.

Le terme "panique" a d'ailleurs une étymologie aussi singulière qu'étrange. En fait, il s'agit d'un terme lié au dieu Pan de la mythologie grecque. Lui, mi-homme, mi-chèvre, avait tendance à apparaître soudainement dans les bois. Sa tâche principale était d'inspirer la peur aux voyageurs. Puis il disparaissait tout aussi brusquement. Les crises de panique ont une caractéristique similaire : elles apparaissent et disparaissent rapidement. Curieux, non ?

Ce trouble présente une autre caractéristique à apprécier : il touche surtout les jeunes plutôt que les adultes ou les personnes âgées. Il s'agit d'une manifestation d'anxiété aiguë, mais le trouble de la crise de panique peut devenir chronique s'il n'est pas traité. Selon les statistiques, environ un tiers des Français âgés de 18 à 25 ans en ont souffert au moins une fois, éprouvant une peur de panique et perdant le contrôle de leurs actions. Sujets à prédominance féminine : Les filles vivent cette expérience au moins une fois dans leur vie. Évidemment, ce trouble est largement lié à l'anxiété, par laquelle il est encore amplifié. Les deux problèmes agissent sur le psychisme des individus, entraînant un affaiblissement constant de la capacité d'agir.

Nous avons déjà largement parlé des crises de panique, toutefois quelques éléments doivent être précisés. En particulier, si l'apparition d'une crise de panique nous semble soudaine, elle ne l'est pas vraiment. L'anxiété commence par certains mécanismes en cascade qui conduisent à la crise. Dans certains cas, tous les symptômes ne se manifestent pas et vont des symptômes somatiques (tachycardie, transpiration, frissons et nausées jusqu'à une sensation de suffocation) aux symptômes psychiques (comme la peur de la mort ou une perception altérée de l'environnement jusqu'aux vertiges et à la dépersonnalisation). Dans plusieurs cas, les personnes concernées interprètent les symptômes somatiques comme des signes de la présence d'autres maladies graves et, comme nous l'avons déjà mentionné, ils représentent l'"étincelle" à partir de laquelle d'autres peurs se manifestent. En fait, l'intuition que le trouble de crises de panique commence par des sensations physiques a permis aux scientifiques de développer de nouvelles idées sur sa pathogenèse. De manière caractéristique, la première crise de panique est toujours traumatisante et perturbante ; les patients s'en souviennent longtemps. Ils le disent eux-mêmes, en affirmant qu'à ce moment-là, la vie change, devenant plus négative, car la peur que d'autres crises similaires puissent se produire surgit. Ils essaient de trouver la cause qui a conduit à crises de panique dans les différentes activités qu'ils effectuaient à ce moment-là.

Une autre caractéristique qu'il ne faut pas sous-estimer est l'incapacité d'arrêter la crise une fois qu'elle a commencé. La situation échappe au contrôle de la personne affectée, qui perçoit plus intensément ses émotions négatives. L'explosivité de cette crise de panique est due au fait qu'il s'agit d'un court-circuit interne de l'organisme, qui, selon le sujet et la situation, peut même se terminer par un évanouissement. Et cela, ainsi que la frustration découlant de l'impossibilité de se calmer, peut devenir la principale source de forte colère chez le patient lui-même. Il a tendance à se refermer sur lui-même en essayant d'ignorer le problème, en n'en parlant pas à ses proches ou à ses amis, ce qui, à long terme, le rend encore plus pessimiste. Dans d'autres cas, le sujet peut devenir trop dépendant des membres de sa famille ou de ses amis, car il a tendance à rechercher un havre de paix dans lequel se réfugier lorsqu'il est confronté à des problèmes liés aux crises de panique. Dans ce cas, son indépendance et son autonomie font défaut.

Il faut envisager la possibilité que le patient dissimule son état en ne divulguant rien au monde extérieur. Des cas ont été rapportés dans lesquels les personnes présentes ne se rendaient pas compte qu'une crise de panique avait frappé un de leurs collègues de travail. La crise, qui peut se manifester de différentes manières, peut ne pas être intense au point de provoquer un évanouissement et une intervention médicale n'est presque jamais nécessaire, mais dans les cas plus graves, on peut demander à la personne de se rendre aux urgences ou d'examiner s'il existe une autre pathologie derrière la crise individuelle. Nous parlons du cas des personnes qui souffrent de crises de panique lorsqu'elles sont en compagnie d'autres personnes. Cacher le problème peut en fait sembler être une bonne solution. À long terme, le fait de ne pas pouvoir laisser libre cours à ses émotions peut être dégradant, surtout si l'événement se produit plusieurs fois.

Il ne faut pas oublier les nombreuses manifestations liées aux crises d'angoisse. Ce sont des symptômes, pour ainsi dire, qui peuvent accroître davantage la souffrance vécue par le sujet. Parmi les exemples de manifestations associées, on peut citer l'anxiété anticipatoire : un phénomène dont nous avons déjà parlé, représenté par la peur que la crise puisse se produire dans une situation où l'on se trouve en public, au travail ou dans une salle de classe universitaire. En réalité, le phénomène ne représente qu'un système de défense, suivi de la recherche de réassurance, utile pour penser que la crise de panique peut être évitée. L'anxiété anticipée est avant tout un système qui prévoit des périodes de poussées du trouble de la crise de panique à celles de phases de rémission.

Les autres formes possibles du trouble de la crise de panique constituent un autre facteur. Le patient peut ressentir les dommages de la fameuse "ombre de la panique" sur sa propre peau. Cette dernière se caractérise par la présence de symptômes moins intenses que la véritable crise, qui peut être plus persistante. Ainsi, le sujet peut ressentir un malaise plus général. Il/elle se sent un peu à l'écart, avec différents symptômes. Par exemple, il est possible de ressentir des extrasystoles cardiaques, c'est-à-dire des palpitations cardiaques associées à une certaine sensation d'agitation, d'essoufflement, d'apnée, de vertiges et de problèmes gastro-intestinaux.

Une autre forme est le "**comportement d'évitement**". Nous parlons d'un autre mécanisme de défense, qui se traduit le plus souvent par une stratégie comportementale précise. Ainsi, dès que la personne ressent l'"approche" des symptômes, elle essaie simplement d'éviter la situation, l'émotion ou la pensée qui pourrait, d'une manière ou d'une autre, entraîner le déclenchement de la crise de panique. Un exemple classique de ce comportement est celui des personnes qui essaient d'éviter les lieux bondés en sachant qu'ils pourraient provoquer une crise de panique. Dans ce cas, les symptômes sont légers, ont tendance à s'intensifier lorsque la personne s'approche du stimulus et disparaissent dès qu'elle s'en éloigne. La distanciation peut générer un apaisement progressif ou poser un problème, car une sorte de dépendance à ces comportements se crée. L'individu ne peut toujours pas "vaincre" cette panique et doit nécessairement éviter certaines situations, ce qui le limite. Pour certains, il s'agit d'un phénomène aussi handicapant que marqué, qui se manifeste même sur le lieu de travail et peut conduire à un état de dépression. Le patient se convainc qu'il doit vivre ainsi pour toujours.

Parmi les manifestations secondaires des crises de panique figure **le traitement hypocondriaque**. Ce dernier se produit dans environ 20 % des cas chez les personnes souffrant du trouble de la crise de panique. Même si l'on parle de traitement hypocondriaque, la situation visée est celle que nous avons déjà évoquée : l'individu s'inquiète, car il interprète sa crise de panique comme le signe d'une maladie plus grave. La peur de mourir d'une crise cardiaque ou d'une crise cérébrale naît des sensations que l'on perçoit. Si l'on tient compte de la méfiance découlant de l'impossibilité de surmonter le problème, la panique augmente encore en intensité. Il s'agit d'une image globale, similaire à celle de l'anxiété, mais avec des différences substantielles.

Le trouble de la crise de panique peut se manifester non

seulement pendant le travail, les études ou d'autres activités quotidiennes, mais aussi pendant le sommeil. Il suffit de penser à un rêve effrayant, qui ramène à l'esprit de l'individu ses plus grandes angoisses. Il se réveille alors brusquement et rapidement, ce qui peut conduire à une forme d'insomnie liée à la peur d'avoir une autre crise dans le sommeil. Ce trouble, surtout s'il est chronique, est l'un des plus dangereux. Il amène la personne à mal dormir, à aller au travail fatigué et, en général, à être dans une atmosphère d'anxiété, d'angoisse et de peur constante. Les personnes touchées par ce trouble sont obligées de vaquer à leurs occupations quotidiennes en sachant qu'elles ne pourront pas se reposer correctement, et même cette pensée peut apporter encore plus de négativité dans leur vie.

Le diagnostic est établi sur la base de l'observation des crises et est confirmé si d'autres événements de ce type se produisent, à condition qu'ils soient soudains, récurrents et non provoqués par des substances de quelque nature que ce soit (comme des drogues ou des narcotiques), ni par des troubles psychologiques, car des problèmes du psychisme pourraient être à l'origine de l'apparition de la crise de panique. Évidemment, le diagnostic professionnel est effectué par un professionnel, qui évalue les différents paramètres physiologiques susceptibles de présenter des déviations typiques du problème dont on parle.

Plusieurs études ont confirmé la présence de certaines altérations du tronc cérébral liées à ce trouble, ce qui se traduit par une modification des paramètres de la fonction cardiaque et respiratoire. Les anomalies du tronc cérébral sont exclusives au diagnostic du trouble de la crise de panique, alors que les altérations du fonctionnement d'autres structures cérébrales, comme l'amygdale ou le cortex frontal, peuvent affecter divers troubles psychologiques. Néanmoins, une personne qui sait de quoi il s'agit et qui est capable d'analyser correctement la situation peut avoir l'intuition de la nature du problème. Cela ne signifie pas que les crises de panique peuvent être traitées à la maison, seules. Il s'agit d'un trouble qui doit être traité avec l'aide d'un professionnel spécifique, capable d'évaluer l'ampleur du problème et de choisir le meilleur traitement.

Les facteurs qui peuvent entraîner l'apparition du trouble de la crise de panique sont pratiquement les mêmes que ceux qui peuvent provoquer l'anxiété. La personne peut réagir différemment. Une place importante est occupée par le stress associé à des périodes de fatigue physique ou psychologique, de responsabilité ou de tension intellectuelle. Ces périodes peuvent ne pas être chronologiquement corrélées, mais leurs effets s'accumulent dans la psyché.

Enfin, il faut rappeler que le mécanisme d'adaptation de cette pathologie est le même que celui de l'anxiété. Le sujet doit pouvoir comprendre qu'il n'est pas dangereux, que rien ne peut lui faire du mal : il pourra ainsi en diminuer l'intensité et apprendre à le contrôler. L'autodiscipline mène au succès.

Vivre avec les troubles de panique

La vie avec ce trouble est similaire à celle des personnes qui souffrent d'une anxiété constante et est capable d'influencer de nombreux aspects de la vie personnelle de manière assez importante. Tout comme dans le cas des troubles de l'anxiété, avec le trouble de la crise de panique, il est possible de ressentir un sentiment constant d'agitation dû à la peur qu'une crise puisse se produire accompagné du sentiment de perte de contrôle. Toutefois, les personnes touchées par ce trouble peuvent apprendre à vivre pleinement leur vie en éliminant l'anxiété causée par la survenue soudaine de la crise. Pour ce faire, il faut s'efforcer d'éliminer l'anxiété liée à l'apparition rapide de la panique.

Il s'agit d'une véritable lutte contre la souffrance et les problèmes connexes. Ce facteur ne peut pas vraiment être ignoré, surtout si l'on considère la présence de troubles secondaires. Et, bien que cela puisse laisser penser à un problème insurmontable, la réalité est que de nombreuses personnes parviennent à vivre paisiblement avec le trouble de ces crises de panique. Elles s'efforcent de maîtriser leurs émotions. Avec le temps, elles parviennent à mieux se contrôler et à éliminer les conditions qui conduisent aux crises de panique. Bien entendu, il convient de souligner à nouveau que cet état de conscience ne s'atteint pas en un seul jour ; c'est même ce que beaucoup d'individus considèrent comme un mode de vie utile pour préserver leur sphère émotionnelle et prévenir l'apparition de problèmes liés à la panique. L'individu devra constamment garder son comportement sous contrôle en appliquant certaines techniques qui peuvent l'aider, au bas mot, à améliorer sensiblement son état. Et bien que certaines personnes puissent penser le contraire, la réalité est que le trouble de crise d'angoisse n'est pas une condamnation à une vie malheureuse et pleine de négativité. Il suffit de faire preuve de volonté et de persévérance pour apprendre à ne plus être esclave de ses émotions.

Qu'est-ce que la phobie spécifique ?

Avant de voir quels sont les différents remèdes contre l'anxiété et les crises de panique, essayons de mieux comprendre ce qu'est une phobie spécifique et quels dangers elle comporte. Lorsque nous parlons de phobie spécifique, nous pouvons désigner un phénomène appelé phobie isolée. C'est ce que nous connaissons normalement par le terme "phobie" : une peur irrationnelle d'un objet, d'un animal, d'un lieu, d'une situation ou d'une action. Cela va de la très commune phobie des araignées à la phobie du vide.

Aujourd'hui, la liste des phobies spécifiques dont il est possible de souffrir est si longue qu'elle en est étonnante. Presque chaque année, de nouvelles phobies spécifiques y sont ajoutées, et certaines sont vraiment très curieuses. Il suffit de penser à l'*acoustophobie*, peu connue, également appelée *phonophobie*. Le terme vient du grec et signifie littéralement "peur de ce qui est audible" ou peur du bruit : l'apparition d'un son fort et soudain peut être une source d'anxiété et de peur pour les personnes concernées. Dans certains cas, un bruit, même d'intensité modérée, suffit à provoquer l'apparition d'une crise hystérique chez la personne atteinte. Certaines personnes ont peur des poulets : elles souffrent d'*alectorophobie*. Dans la liste des phobies les plus étranges, dont certaines sont plutôt nouvelles, se distingue la *basophobie*, la peur de marcher, l'une des plus handicapantes et dangereuses de toutes, car elle oblige la personne à rester immobile. Sans oublier la *syngénésophobie*, la peur folle de ses proches. Ce dernier cas est typique des personnes qui, pour diverses raisons, souffrent de la présence de parents performants ou psychologiquement agressifs. Ils ont tendance à justifier leurs propres évasions des dîners familiaux. Une autre phobie étrange a été mentionnée précédemment : la phobophobie, ou la peur de la peur perçue, qui crée un cercle fermé (et vicieux) d'anxiété et d'inquiétude. Certains souffrent d'*anuptaphobie,* ou de la peur d'être célibataire pour toujours. Dans ces cas, c'est l'idée de ne pas avoir de partenaire et de devoir vivre une vie de solitude qui est la plus effrayante. Pour une autre peur, nous devons remercier l'aspect "magique" des clowns : il s'agit de la *coulrophobie,* que Stephen King a réussi à décrire en écrivant l'un des meilleurs livres d'horreur de l'histoire de la littérature. Sans oublier l'*eleuthérophobie* (la terreur d'être libre), probablement ancrée dans le subconscient des esclaves qui étaient terrifiés à l'idée de cesser d'être esclaves, ou la *panphobie* (la peur de tout, dans le cas de ceux qui craignent chaque chose, nouvelle ou ancienne). Certains individus souffrent de phobies encore plus drôles, comme l'*ergophobie* (la terreur du travail), l'*assymétaphobie* (la peur de voir des choses qui ne sont pas symétriques) et un autre classique du genre horrifique : la *triscadeicphobie,* ou la terreur du chiffre 13.

Le psychisme humain, en somme, est si particulier et malléable qu'il peut être plié aux peurs les plus étranges. Les personnes qui souffrent de ces phobies peuvent également être des personnes très instruites, avec une psychologie stable et un historique de réussite, mais avec un traumatisme qui a déclenché dans leur cerveau l'étincelle de terreur liée à quelque chose comme un animal, un objet ou une situation. Et ce n'est pas tout : ceux qui souffrent du problème lié à la phobie spécifique peuvent très bien en comprendre l'irrationalité, mais le fait de comprendre que leur panique est déplacée ne les aide pas à se calmer ou à surmonter la terreur. Dès que l'individu est confronté à une situation anxiogène, son cœur bat plus vite, l'adrénaline est rapidement libérée dans le corps et les pupilles se dilatent : face à la peur, l'organisme se prépare à la menace en augmentant son potentiel.

En général, les phobies spécifiques prennent naissance à l'adolescence ou même avant. Les cas d'émergence de peurs chez les personnes de plus de 25 ans sont rares : à cet âge, le côté psychologique est déjà établi. Une fois qu'une phobie est apparue, elle peut gêner le sujet pendant des décennies, surtout si elle n'est pas traitée correctement. Dans certains cas, elle peut s'aggraver, entraînant des crises de panique plus intenses et donnant lieu à un trouble anxieux. Les phobies spécifiques représentent l'un des plus grands problèmes de l'époque contemporaine, compte tenu de l'impact de ce type de problème sur la vie des individus. Leur traitement nécessite des dépenses considérables en argent, en temps et en énergie. Les phobies peuvent être très contraignantes, car elles obligent les patients à éviter les situations qui peuvent les provoquer. D'autre part, les gens ne peuvent pas "fuir" à vie leurs peurs, dont certaines, comme nous l'avons déjà dit, sont inévitables.

La psychologie moderne divise les phobies spécifiques en cinq groupes principaux : la peur des animaux ; des environnements naturels ; de la douleur, du sang, des blessures ou des maladies ; des situations ou des actions ; et, enfin, le cinquième groupe est réservé aux phobies d'autres types. En fait, on parle maintenant d'un sixième groupe, celui réservé aux nouvelles phobies spécifiques.

- Évidemment, le groupe des peurs liées aux animaux est vaste : nous parlons de la zoophobie, un trouble qui prend naissance dans l'enfance et qui touche beaucoup plus les femmes que les hommes. Il suffit de dire que sur un échantillon d'une centaine de patients zoophobes, au moins 75 sont des femmes. Dans certains cas, ce pourcentage peut atteindre 90 %. Dans le cas de cette phobie, il s'agit d'un sentiment primitif de peur envers les animaux dangereux. Nous parlons d'une des plus anciennes phobies. C'est précisément en raison de la terreur développée à l'égard des animaux dangereux que l'homme a pu mettre en place des stratégies de fuite qui lui ont permis d'échapper aux prédateurs et de survivre. Selon certaines théories, cette particularité pourrait être observée aujourd'hui : il s'agirait d'une peur tapie quelque part dans notre ADN et qui, face à un stimulus, remonte à la surface et se manifeste. Parmi les zoophobies les plus courantes en France figurent celles liées aux araignées, aux insectes, aux serpents, aux oiseaux, aux chiens, aux rongeurs, aux poissons et même aux chats. D'autre part, nous parlons d'une typologie des phobies qui dépend de la zone géographique de référence. Ainsi, dans d'autres pays, parmi les zoophobies les plus fréquentes figurent celles des loups, des tigres, des lions, des serpents, des crocodiles, des éléphants ou des rhinocéros. Bien que cela puisse sembler être le contraire au premier abord, la réalité est que vaincre les phobies de ce groupe est loin d'être simple. Pour autant qu'il s'agisse d'une peur qui trouve ses racines dans l'inconscient, plusieurs séances de traitement sont souvent nécessaires pour parvenir, au prix d'efforts considérables, à éliminer le malaise. Parfois, les meilleurs spécialistes ne parviennent pas à rétablir le bien-être du patient, surtout si ce dernier ne coopère pas avec le spécialiste.

- Le deuxième groupe est consacré à la peur des milieux naturels. Nous parlons de la peur des hauteurs (liée à celle de l'avion), de la phobie de l'eau, de la terreur des orages, mais aussi de peurs moins courantes, comme celle des chutes d'eau ou des forêts. Comme pour le groupe précédent, cette phobie apparaît dans l'enfance et peut se développer à l'adolescence. Les femmes en souffrent plus que les hommes, bien que le sexe masculin semble être plus enclin à souffrir de la peur des hauteurs et du vol que les femmes. Il s'agit d'un groupe de phobies moins profondément ancrées dans notre psyché. C'est pourquoi le traitement peut plus facilement aboutir à un résultat thérapeutique satisfaisant. L'issue positive dépend toutefois du patient, de sa réaction au traitement entrepris, de la compétence du praticien, de son expérience et d'autres facteurs.

- Le troisième groupe concerne les phobies du sang, des plaies, de la douleur, des maladies et des infections. Toutes les peurs de ce groupe ont une héritabilité élevée. Par conséquent, si un adulte de la famille en souffre, il est fort probable que des individus plus jeunes puissent en souffrir. À ce jour, la science n'est toujours pas en mesure de déterminer avec exactitude le moment où ce trouble apparaît et si celui-ci peut être attribué uniquement aux gènes ou à une situation de la vie qui a conduit à sa manifestation. Ce qui est certain, c'est qu'habituellement ce type de phobie entraîne une réponse lipohymique. Ainsi, les trois quarts des personnes touchées peuvent perdre leurs sens à la vue du sang ou des blessures, tandis que d'autres admettent se sentir mal, avoir des vertiges, des palpitations cardiaques, des faiblesses et des sueurs froides. La racine sous-jacente du problème est le sentiment d'être malade, un mécanisme d'adaptation commun issu de l'histoire. Bien qu'il ne s'agisse pas vraiment d'une peur ancienne, son traitement nécessite quelques efforts, surtout dans le cas de patients qui en souffrent depuis un certain temps.

- Il ne faut pas non plus oublier les phobies situationnelles. Elles naissent généralement pendant l'enfance, suite à l'apparition d'un stimulus spécifique, et se développent plus tard. Presque toutes les peurs incluses dans ce groupe présentent un pic au début de l'âge adulte, vers 25 ans, où elles ont tendance à se manifester à nouveau. Les femmes en souffrent davantage que les hommes. Parmi les exemples classiques de peurs incluses dans ce groupe figurent la terreur des espaces clos (appelée *claustrophobie*), la peur de conduire (*amaxophobie*), des ponts ou des ascenseurs, etc. La peur de conduire peut avoir pour origine un accident de voiture dont on a été témoin, mais aussi des causes plus générales (par exemple, un film vu dans son enfance dans lequel une personne meurt à la suite d'un accident sur la route). Ce type de phobie est relativement nouveau et nécessite une analyse approfondie par le spécialiste afin d'être traité de manière appropriée et sans problème pour la personne.
- Enfin, on trouve les phobies du 5e groupe, c'est-à-dire des peurs qui n'entrent pas dans les autres catégories : elles sont générées dans l'enfance et se développent plus tard. Néanmoins, il peut y avoir certaines exclusions à prendre en compte. Parmi les peurs les plus fréquentes de ce groupe figurent l'*anginophobie* (terreur de la suffocation), la *pédiophobie* (terreur des

poupées), les peurs mentionnées ci-dessus et la très célèbre peur des clowns ou des masques (coulrophobie). Nous sommes confrontés à des peurs assez nouvelles, qui peuvent nécessiter des traitements longs et épuisants.

- Il convient également de mentionner les nouvelles phobies qui sont découvertes d'année en année et qui sont tout à fait curieuses, bien que potentiellement dangereuses. Parmi elles se distingue, par exemple, la peur de vomir. Nous parlons de l'*émétophobie*, qui est encore peu étudiée aujourd'hui. Les émétophobes sont terrifiés à l'idée de vomir ou de voir les autres vomir. Cela amène les personnes à surveiller de manière obsessionnelle les symptômes de leur corps et à s'agiter en cas de signes de vomissement. Pour les personnes qui souffrent du mal des transports, il s'agit de l'une des pires phobies qui soient : elle combine malaise physique et psychologique dans un éternel cercle vicieux. Les manifestations dangereuses sont diverses. Beaucoup préfèrent même ne pas manger, pensant qu'ainsi ils ne pourront pas vomir : c'est le début de ce qu'on appelle "l'anorexie mentale". Cette pathologie n'est jamais générée par une insatisfaction de son propre organisme, mais par une répulsion envers l'acte de vomir. Les femmes en souffrent plus que les hommes, et certaines préfèrent même ne pas avoir d'enfants par crainte d'avoir des nausées pendant la grossesse. La peur secondaire est celle de perdre le contrôle devant d'autres personnes.

Une phobie typique de notre époque est la *nomophobie* (la phobie du sans-mobile). Il ne s'agit pas simplement de la peur de ne pas avoir son smartphone avec soi ou de tomber en panne de batterie, mais de se retrouver sans signal, en dehors du réseau de communication cellulaire. La panique peut également s'installer si vous êtes à court de crédit au lieu d'une batterie. Cette crainte touche davantage les hommes que les femmes et est typique de la dépendance aux smartphones. Elle peut se manifester à tout âge et pas seulement pendant l'enfance. Ceux qui en souffrent le plus sont les jeunes adultes et les adolescents qui ont de nombreux problèmes de relations sociales, ce qui les oblige à rester connectés à Internet en permanence. Selon les experts en la matière, ce sont les adolescents qui sont les plus exposés, mais les adultes peuvent aussi développer une nomophobie. Comme toute phobie, celle-ci se caractérise par des symptômes précis qui surviennent lorsque le sujet ne peut pas se connecter au net : panique, sueurs, nausées, vertiges et essoufflement. L'utilisation du smartphone chez ces personnes peut interférer dans une large mesure avec le travail, les études, les relations sociales ou familiales normales. Bien qu'il s'agisse d'une phobie assez récente, aucune étude approfondie n'a encore été menée pour mieux la comprendre. Néanmoins, il s'agit d'un problème croissant qui risque de devenir une phobie très courante, notamment dans les pays industrialisés.

Si vous sous-estimez encore les phobies spécifiques, sachez que le taux de prévalence annuel est d'environ 9 %. En France, au moins 1 personne sur 10 en souffre et l'âge d'apparition est variable, de sorte que la cause peut être difficile à identifier (bien que dans la plupart des cas, elle se situe encore dans l'enfance). Ce n'est pas seulement le stress ou les événements traumatiques qui peuvent générer une phobie spécifique, mais aussi les comportements qui, du moins en apparence, semblent viser à préserver la santé des jeunes, mais qui, en réalité, peuvent générer des traumatismes. Un exemple ? Les parents parlent à leurs enfants du danger que représentent les serpents ou les araignées. La pensée du danger qu'ils représentent pénètre si profondément dans le psychisme des enfants qu'elle déclenche le véritable problème.

Si l'on remarque les symptômes typiques d'une phobie, il est préférable d'intervenir rapidement. En effet, les phobies qui persistent à l'âge adulte sont difficiles à traiter et la rémission complète est rarement obtenue. Plus le patient vieillit, plus il devient difficile de combattre les différentes phobies. La meilleure idée est de s'adresser à un spécialiste qui a déjà prouvé sa capacité à traiter ce type de problème immédiatement après avoir vu les premiers symptômes, afin d'éviter que le patient ne doive vivre avec la peur en question pour le reste de sa vie, développant ainsi le trouble anxieux.

Dans le cas des phobies, on peut également parler d'anxiété anticipée, tout comme dans le cas du trouble des crises de panique. La personne affectée ne perçoit une forte anxiété qu'en anticipant que la situation déclenchante peut se produire dans le futur. C'est pourquoi des comportements sont mis en œuvre pour éviter les causes de ces peurs. Si l'individu perçoit l'impossibilité d'éviter la source de sa terreur, la crise de panique avec sa crise associée peut survenir.

Il convient de rappeler que certaines phobies peuvent présenter les caractéristiques d'une comorbidité avec d'autres troubles psychologiques. Dans certains cas, les phobies peuvent être intensifiées par la présence de certains troubles du psychisme, comme l'anxiété généralisée. En présence de ces deux problèmes, les effets sur le physique ou sur la qualité de la vie sociale ou professionnelle peuvent s'aggraver à un rythme rapide.

C'est pourquoi il est essentiel de vaincre l'anxiété, en apprenant à la contrôler, avant de commencer les différentes thérapies visant à traiter la phobie spécifique. Une fois les troubles anxieux généralisés éliminés, il peut être plus facile pour le thérapeute de procéder à des traitements supplémentaires, qui sont presque toujours liés à l'exposition. Pour traiter les phobies spécifiques, on essaie principalement de rationaliser la peur. Le sujet lui-même comprend bien que sa terreur est irrationnelle et exagérée : c'est le premier pas vers la guérison du problème. La science nécessite une **exposition** à des stimuli anxiogènes (par exemple, des animaux, des situations, des objets). Cette pratique se fait en direct, en présence du spécialiste, car il s'agit d'un mécanisme qui s'est déjà avéré plus efficace pour guérir le problème que l'**exposition imaginative** (qui est encore recommandée dans certains cas). Par exemple, l'exposition imaginative est préférée pour les situations dans lesquelles on ne peut pas être en thérapie : par peur de l'avion, des hauteurs, des tempêtes. Dans d'autres cas, une exposition imaginative est recommandée, notamment si le patient n'est pas prêt à approcher immédiatement en personne le facteur déclenchant de la phobie ou si ce dernier peut être traumatisant en raison de souvenirs particuliers. L'exposition imaginative est moins efficace que l'exposition réelle, car on demande seulement au sujet d'imaginer, de manière assez intense et vivante, l'objet de ses craintes. Le spécialiste peut aider le patient au moyen d'images, de sons ou de descriptions. Si le sujet est invité à imaginer une araignée, le praticien lui demandera d'imaginer tous les détails de l'araignée : sa couleur, sa taille, la vitesse à laquelle elle se déplace, ses yeux, sa façon de se déplacer, les toiles qui l'entourent et d'autres détails de la situation.

Un autre exemple est l'**exposition graduelle**. Comme le nom de la pratique l'indique, le patient est exposé à des situations phobiques en fonction de leur intensité. Par exemple, on lui montre d'abord une petite araignée, puis une araignée de taille moyenne, puis une araignée encore plus grande, jusqu'à la plus grande araignée qu'il puisse imaginer. Dans certaines situations, l'expert tente d'exposer les patients à des sensations effrayantes afin de simuler un essoufflement ou des vertiges dans des conditions sûres. De cette façon, il y a un contact complet, à 360°, avec l'objet de la peur, mais l'expérience est moins traumatisante que l'exposition in vivo.

Pour le traitement de la zoophobie et des phobies du 3ème groupe (sang et plaies), l'**exposition in vivo** est indiquée. Le contact avec le facteur phobique a lieu pendant environ 2 à 3 minutes, sous la surveillance étroite du spécialiste, qui peut intervenir en cas de problème. L'efficacité des traitements de ce type est prouvée par des études cliniques, mais il y a un problème : peu de patients acceptent un contact direct et immédiat avec la source de la peur. Cependant, l'exposition in vivo peut être obtenue après avoir d'abord essayé d'autres voies. En particulier, il peut être utile de passer de l'exposition imaginative à l'exposition graduelle, puis à l'exposition réelle in vivo. Cela suppose, bien sûr, que le sujet réussisse à combattre sa plus grande peur en y étant exposé pendant si longtemps.

Les techniques de relaxation musculaire ne doivent pas être oubliées. Elles sont réalisées par le praticien, qui les enseigne au patient. Ce dernier apprend des techniques utiles qui peuvent l'aider à mieux résister à l'objet de sa phobie. Et lorsqu'il parvient à les maîtriser à un niveau convenable, il est mis en contact avec l'objet phobique. La relaxation lui permet de résister assez bien aux symptômes typiques de sa peur : elle combat l'anxiété typique de la phobie. Un mécanisme d'inhibition réciproque est activé, dans lequel la peur est annulée par la relaxation.

En ce qui concerne les thérapies utiles pour vaincre les phobies, il ne faut pas non plus oublier la désensibilisation systématique. Il s'agit d'une véritable technique similaire à la relaxation musculaire. À la base, il y a le mécanisme de contre-conditionnement. L'objectif principal de cette technique est d'apprendre au sujet à réagir différemment en réponse au stimulus de la phobie. Cette technique permet d'éviter les pensées liées à la peur ou à l'anxiété, qui ne sont pas activées. Une fois que le patient a appris les techniques de désensibilisation, il est exposé à des stimuli phobiques d'intensité croissante. Et dans le cas d'un résultat positif, la phobie peut être considérée comme vaincue et le patient guéri, mais il faut beaucoup de temps pour bien maîtriser ces techniques et il n'est pas du tout certain que tous les sujets réussissent.

Enfin, on distingue les techniques cognitives, qui agissent sur les pensées, permettant d'éliminer les négatives en effectuant une sorte de restructuration cognitive. Ceci est utile pour préparer le patient à l'exposition in vivo, pendant laquelle des outils de soutien peuvent être utilisés pour mieux surmonter le stress éventuel dû au contact.

Les traitements pharmacologiques ou combinés sont à éviter, car ils peuvent donner un résultat temporaire et symptomatique, mais pas durable. Cela est en partie vrai pour les phobies situationnelles, puisque pour le traitement de certaines d'entre elles (comme la phobie du vol), des médicaments sont prescrits (les benzodiazépines sont recommandées pour le traitement de la terreur du vol). Selon la littérature scientifique, la Fluoxétine peut s'avérer utile pour le traitement des phobies situationnelles.

Exercices pratiques et remèdes

Exercices pratiques des techniques de respiration

Ce qui a été dit jusqu'ici peut sembler superflu et sans importance aux yeux de ceux qui cherchent des remèdes - naturels, médicaux ou autres - pour vaincre l'anxiété. Cependant, si l'on lit attentivement les paragraphes précédents, on peut comprendre ce qui est une vérité fondamentale : on ne peut vaincre l'anxiété sans savoir ce qu'elle est, comment elle diffère d'autres troubles similaires et pourquoi nous sommes confrontés à un problème particulier. Si l'anxiété est un ennemi, ce qui a été écrit sert à l'étudier de la meilleure façon possible, en apprenant à connaître ses côtés forts et faibles jusque dans les moindres détails. Il faut comprendre que l'anxiété n'est pas une pathologie simple à traiter ; nous parlons d'un "adversaire" qui agit par le biais de mécanismes psychologiques complexes. Un adversaire humble et cruel, qu'il n'est pas évident d'identifier et qui n'est pas faible à vaincre, mais si le patient sait ce que représente l'anxiété sous ses différentes formes, il pourra appliquer au mieux les différentes techniques ou exercices comportementaux pour la vaincre. Ceci, sans l'ombre d'un doute, l'aidera dans la lutte contre l'anxiété. Il s'agit d'une démarche sérieuse, qu'il ne faut ni sous-estimer ni ignorer, et qui constitue le point de départ : connaître son ennemi.

Attention : si nous parlons d'"adversaire" et d'"ennemi", nous devons comprendre que la meilleure façon de le combattre est de l'accepter. Nous ne pouvons pas éliminer une partie de nous-mêmes. Cette partie qui est responsable de la peur. Plus nous essayons de la combattre avec des méthodes erronées ou violentes, plus les résultats seront mauvais. Accepter et comprendre qu'il s'agit d'une partie considérable de la psyché humaine est la bonne façon de se calmer face à l'"angoisse de la reine". L'accepter, c'est lui retirer les armes qu'elle possède, c'est la rendre inoffensive. Ce n'est pas un "ennemi" comme les autres : il est différent à la base. Et il doit être vaincu différemment : on ne peut pas penser se vaincre soi-même en frappant un miroir.

Le meilleur conseil est de bien étudier la partie théorique avant de passer à la partie pratique. Il est important, après avoir parcouru ce chemin, de savoir non seulement ce qu'est l'anxiété, mais aussi quels sont ses symptômes, de connaître les différentes différences entre la forme chronique et la forme aiguë, de savoir reconnaître une crise de panique et de savoir comment y réagir. En comprenant la nécessité de rester calme, car les crises en elles-mêmes ne sont pas du tout dangereuses, on sera en mesure de comprendre comment se comporter face aux difficultés. Évidemment, ce n'est pas facile et il faudra s'appliquer constamment pour devenir maître dans l'art de contrôler ses pensées et ses émotions.

Après avoir clarifié ce petit point essentiel, expliquons maintenant les principales **techniques comportementales** qui peuvent être appliquées pour maîtriser avec succès l'anxiété et les crises de panique. Dès le départ, il faut préciser qu'il est difficile d'apprendre parfaitement toutes les techniques. Il est préférable de comprendre comment ils sont appliqués, de comprendre le raisonnement qui sous-tend leur fonctionnement et d'en choisir un. Chaque technique comportementale, après tout, a sa raison d'être. Ces techniques sont spécifiquement conçues pour les personnes présentant différents degrés de gravité de l'anxiété.

Une autre chose qu'il faut absolument ajouter avant de commencer l'illustration des différentes techniques comportementales utiles pour vaincre l'anxiété concerne la **respiration**. Les experts les plus éminents dans ce domaine s'accordent à dire qu'il s'agit du processus le plus influent pour traiter l'anxiété. La respiration est directement liée au calme. Ceux qui ont une certaine familiarité avec la méditation ou le yoga n'ont pas besoin d'explication. Ils savent déjà combien la maîtrise de la respiration est essentielle pour pouvoir contrôler le corps, y compris les émotions. Les autres doivent comprendre que si nous ne sommes pas capables de contrôler consciemment notre respiration, il devient difficile de maîtriser nos émotions. Le souffle est la vie", disent les philosophes orientaux, et d'un certain point de vue, c'est effectivement le cas. Elle est non seulement capable d'agir sur notre cerveau, en nous aidant à prendre conscience que nous devons nous calmer et nous détendre, mais elle agit sur nos fonctions vitales, en nous permettant de les ramener à la normale. C'est pourquoi il ne faut pas sous-estimer les techniques comportementales qui se basent précisément sur la respiration.

1) Technique de respiration profonde

Et si la respiration est très importante pour tenir à distance nos désirs, sans nous pousser dans les oubliettes de l'anxiété, de la panique et de la dépression, **la respiration profonde** peut être considérée comme une véritable bombe atomique dans la lutte contre les problèmes découlant de ce trouble. De nombreux spécialistes du domaine s'accordent à dire que la respiration profonde est l'un des remèdes les plus efficaces qui soient, mais il faut préciser que l'intensité de l'effet est subjective. En général, la respiration profonde convient bien aux personnes qui souffrent de troubles anxieux depuis un certain temps et est plus efficace chez les femmes que chez les hommes. Ces derniers sont notoirement un peu plus résistants à l'efficacité des différentes techniques de respiration et peuvent prendre un peu plus de temps pour obtenir un meilleur résultat.

- Pour mettre en œuvre la technique de respiration profonde, il faut penser à une image relaxante. Cela peut être n'importe quoi : une tasse de thé, un lac, une fleur. Tout ce qui peut apporter des sentiments de calme à l'esprit de la personne. En plus de prendre soin d'imaginer quelque chose de relaxant, il faut trouver un endroit ou une position confortable. En revanche, il est difficile de se détendre si la position du corps est mauvaise, si les muscles sont tendus et si les pensées de problèmes ne peuvent être chassées de l'esprit. L'important est de se sentir à l'aise. L'endroit confortable peut être pratiquement n'importe quoi : son fauteuil préféré, le canapé de la maison, le lit sur lequel on dort. Une fois que vous avez trouvé l'endroit où vous pouvez être à l'aise, fermez simplement les yeux et adoptez la position qui vous permettra de laisser derrière vous la tension et la fatigue de la journée.
- C'est fait ? Il ne reste plus qu'à respirer profondément, 2 ou 3 fois, en essayant de sentir l'air à l'intérieur de votre corps, et vous pouvez alors laisser vos pensées vagabonder. Peu importe où cela mène : se distraire est un excellent moyen de se libérer des problèmes de la vie quotidienne. La pensée ne doit pas être trop chaotique, car dès que vous vous sentez suffisamment

détendu, vous devez penser à la même image relaxante que nous avons mentionnée précédemment. Attention : cette image doit nécessairement être associée à quelque chose de positif. Une fois que vous vous êtes concentré sur l'image, respirez lentement, à pleins poumons, pendant au moins 5 minutes. Ne vous laissez pas distraire pour quelque raison que ce soit (c'est pourquoi il est recommandé d'éteindre votre smartphone ou tout autre appareil qui pourrait interférer). Et si vous vous laissez distraire, vous devez recommencer. Au fur et à mesure que cet exercice progresse, on remarque que l'anxiété diminue de plus en plus, jusqu'à disparaître.

Et que faire si vous êtes pris d'une crise d'angoisse, par exemple dans un bus ou au travail ? Il ne faut pas paniquer, bien sûr. Il faut suivre les mêmes étapes que celles expliquées, en renonçant peut-être au confort ou au silence. Essayez ensuite de vous calmer, de respirer profondément et de penser encore à une image relaxante et positive. Cela peut se faire n'importe où, même en étant assis dans un transport public.

L'efficacité de cet exercice repose sur la qualité et la profondeur de votre respiration, il est donc préférable de ne pas la négliger, mais de se concentrer sur chaque respiration afin qu'elle soit aussi profonde (et consciente et contrôlée) que possible. Une telle concentration donnera l'occasion d'améliorer encore l'efficacité de cette technique de relaxation et de l'affiner pour obtenir de meilleurs résultats.

2) L'exercice de la pesanteur

Parmi les exercices les plus utiles à la gestion de l'anxiété, on ne peut oublier celui de la **pesanteur**.

- Ce que vous devez faire, c'est choisir une position assez confortable et essayer de vous concentrer sur votre bras dominant. Se concentrer signifie porter son attention précisément sur cette partie du corps, en essayant d'y penser avec tout son être intérieur.
- Ensuite, vous devez commencer à imaginer que votre bras devient de plus en plus lourd et répéter une phrase spécifique à voix basse : "Mon bras droit est très lourd, de plus en plus lourd, totalement lourd, et je reste détendu". Il faut le répéter plusieurs fois, en essayant de rester totalement concentré sur la lourdeur du bras. Cela provoque un relâchement rapide des autres muscles du corps ; la concentration se fait uniquement sur la main dominante. Il faut ensuite passer au bras gauche, en répétant à nouveau l'exercice, puis le faire avec toutes les parties du corps. Au total, il faut environ 10 minutes pour réaliser l'exercice.
- Pour être totalement calme et soulagé de l'anxiété, il ne faut en aucun cas oublier de respirer calmement et régulièrement, ainsi que de se concentrer. Nous ne parlons pas de respirations trop profondes, mais normales ; l'important est qu'elles soient effectuées de manière cohérente. De cette façon, le cerveau se calme de lui-même.

Peu importe que ce soit à la maison ou ailleurs, mais il est important de pouvoir bien s'isoler du monde extérieur afin de se concentrer uniquement sur l'exécution de l'exercice. Vous pouvez utiliser de simples écouteurs afin de bien vous isoler du monde extérieur et de ne prêter attention qu'à l'exécution de l'exercice.

Si vous avez des problèmes à ce sujet et que vous êtes interrompu pour une raison quelconque pendant la pratique, il est conseillé de revenir au début et de recommencer.

3) Imagination et respiration

L'exercice de respiration profonde nous a déjà permis de constater que **l'imagination** et la **respiration** sont deux facteurs extrêmement importants dans le traitement de l'anxiété. Ce sont deux armes très puissantes pour contrôler l'anxiété et les crises de panique. Pourtant, l'anxiété est souvent le type de peur que nous ne pouvons pas quantifier correctement ; une peur sans nom : une terreur sans visage. Ce n'est pas un hasard si de nombreux psychiatres recommandent d'essayer de lui donner une forme, un nom ou un visage avant de le vaincre. Visualisez la peur.

- Pour ce faire, vous devez toujours vous détendre, en essayant de calmer votre respiration. Elle doit devenir régulière, contrôlée, pas trop rapide et pas aussi profonde que dans le cas du premier exercice. Tout en contrôlant consciemment votre respiration, vous devez fermer les yeux et essayer d'imaginer votre anxiété en lui donnant une couleur et éventuellement un nom ou une forme. Il peut s'agir d'un objet angulaire, d'une forme imprécise ou d'un simple cube. Peu importe : vous devez utiliser votre imagination et votre créativité, et non la logique ou le langage. Plus vous consacrez de temps à la visualisation - sans jamais oublier de contrôler votre respiration - meilleurs seront les résultats. Certaines personnes conseillent de respirer aussi profondément que possible. En fait, dans certains cas, cela peut être utile pour augmenter encore l'efficacité de l'exercice. La respiration profonde peut rendre l'anxiété plus consciente, la rendant presque réelle.

- On peut alors visualiser ses peurs ; on peut, pour ainsi dire, humaniser l'anxiété en l'extrayant de son "univers" d'incompréhension. Et une fois que l'on est capable de comprendre l'anxiété en la visualisant, il ne restera plus qu'à l'effacer de son psyché, à l'éliminer. En effectuant cette étape, le sujet pourra percevoir, de manière assez claire, comment l'anxiété disparaît et devient moins redoutable.

La technique de l'imagination et de la respiration peut être utilisée avec succès dans un large éventail d'environnements différents. L'important, comme auparavant, est d'être capable de se concentrer et de s'isoler. Pour le reste, la respiration et l'esprit jouent un rôle de primordial, et une fois que vous aurez appris à utiliser cette technique de la bonne manière, vous disposerez d'une aide considérable contre les désagréments de l'anxiété.

4) Exercice de respiration abdominale

En parlant des différents exercices de respiration (et autres) utiles pour combattre l'anxiété, on ne peut oublier la **respiration abdominale**. Cet exercice est reconnu comme l'un des plus efficaces, non seulement contre l'anxiété, mais aussi pour traiter une crise de panique. Le principal problème est que vous devez vous allonger pour le pratiquer. Il est donc préférable que vous soyez chez vous et que vous puissiez vous allonger confortablement sur un lit. Il convient de préciser qu'il n'est pas nécessaire d'adopter la position fœtale, mais de s'allonger dans une position couchée typique.

- Le corps doit être droit, sinon vous ne pourrez pas faire cet exercice efficacement.
- Une fois que c'est fait, il est recommandé de placer une main sur votre ventre et une autre sur votre poitrine.
- Vous devez ensuite commencer à inhaler de l'air par le nez. Il ne faut pas respirer par la bouche, car cela est moins efficace. L'air qui pénètre dans le corps doit aller gonfler le ventre : si la procédure se déroule correctement, le sujet percevra comment, rythmiquement, la main se lève sur son abdomen.
- Après environ une minute de respiration abdominale, il est recommandé de retenir sa respiration pendant quelques secondes. C'est une phase utile pour calmer les nerfs pendant un moment avant de libérer l'air par la bouche. Ceux qui souhaitent réaliser cet exercice doivent savoir qu'il est interdit d'inverser le processus, c'est-à-dire d'inspirer avec la bouche et d'expirer avec le nez : il s'agit d'une pratique infructueuse en termes d'aide contre l'anxiété.

Grâce à la respiration abdominale, un grand état de relaxation peut être perçu dès le début. Elle concerne l'ensemble du corps et touche les différents groupes musculaires. Le diaphragme joue un rôle fondamental ; il est responsable de l'effet bénéfique sur l'organisme. De plus, c'est un exercice qui soulage le stress et constitue une excellente base pour les exercices précédents. La respiration abdominale prépare le corps aux autres exercices et, en même temps, augmente leur efficacité.

5) Sama Vritti

Il ne faut pas non plus oublier un autre exercice de respiration appelé **Sama Vritti**. Comme on peut le deviner, il nous vient directement des terres orientales et est dérivé des pratiques méditatives orientales. Sama Vritti favorise le sommeil et est l'une des pratiques respiratoires les plus faciles à réaliser. Il repose sur le même principe que de nombreux autres exercices similaires, celui des "respirations égales".

- Le sujet qui souhaite mettre en œuvre la technique Sama Vritti doit s'attacher à ce que la durée de l'inspiration soit toujours égale à celle de l'expiration. Une bonne idée serait de compter les secondes dans sa tête, en les rendant égales pour les deux processus. C'est à la personne elle-même de décider de la durée exacte de l'inspiration ou de l'expiration, mais il est recommandé de compter jusqu'à 4 dans les deux cas. Vous pouvez faire cet exercice en position assise ou allongée ; il n'est pas recommandé de le faire en position debout ou en marchant.
- L'inspiration et l'expiration se font toutes deux par le nez. Au fur et à mesure que l'on progresse dans la pratique (il est recommandé d'effectuer la Sama Vritti 2 à 3 fois par jour), il devient possible d'augmenter progressivement le nombre. De 4, on passe à 5, puis à 6, 7 et 8 (la limite supérieure). L'objectif est le même : parvenir à calmer le système nerveux et à bannir le stress.

Les gens peuvent appliquer ce type de respiration où qu'ils soient, sans aucune gêne ni difficulté. La Sama Vritti est une technique de respiration régulière indiquée pour ceux qui souffrent de problèmes d'insomnie dus à l'anxiété. Il aide l'esprit de l'individu à se déconnecter des pensées logiques et rationnelles. Il détend tellement l'esprit qu'il se perd dans l'esprit. Tous les obstacles qui créent l'insomnie sont supprimés, laissant le sujet entre les mains de Morphée, mais il ne faut pas en abuser. Dans l'histoire, il y a eu des cas de personnes qui, après avoir appliqué la Sama Vritti, se sont même endormies dans l'amphithéâtre de l'université ou dans le bus, manquant leur arrêt. Pour éviter que cela ne se produise, il est préférable de régler le réveil si l'on ne veut pas prendre de risques. Ce dernier, en sonnant, réveillera le sujet.

6) Nadi Shodana

En parlant de techniques de respiration orientales utiles pour calmer l'anxiété, nous ne pouvons vraiment pas oublier le **Nadi Shodana**. Cet exercice, connu sous le nom de respiration alternée des narines, présente une difficulté légèrement supérieure à celle de l'exercice précédent. Selon la médecine orientale, il sert à purifier les canaux respiratoires du corps. Elle est donc reconnue comme très efficace pour combattre le stress et contrôler l'anxiété aiguë. Et ce n'est pas tout : parmi ses bienfaits figure l'activation de l'interaction entre les deux hémisphères du cerveau, favorisant ainsi l'interconnectivité.

- Comme pour les autres exercices, une posture confortable est nécessaire pour le Nadi Shodana. On peut être allongé ou assis, mais il est recommandé de prendre la position du lotus.
- Puis amenez le pouce droit sur la narine droite, en la fermant.
- Puis inspirez profondément en utilisant uniquement la narine gauche.
- Dès que vous atteignez le point d'inspiration maximale, ouvrez la narine droite et fermez la narine gauche, puis

expirez avec la seule narine encore ouverte.

- Ensuite, le praticien doit alterner les narines en commençant par le début : fermer la narine gauche, inspirer avec la droite, lorsque le pic est atteint, fermer la narine droite et expirer par la gauche.

Bien qu'il s'agisse d'un exercice qui peut sembler assez étrange, surtout si l'on considère la nécessité d'alterner les narines par lesquelles on inspire et on expire l'air, la réalité est qu'il s'agit d'un outil plutôt efficace, comme l'ont prouvé plusieurs années de pratique et d'expérience. Ce n'est pas un hasard si elle est recommandée par les praticiens dans tous les moments où une plus grande concentration et une meilleure attention sont nécessaires. D'une part, la respiration alternée distrait la personne des pensées d'anxiété et d'autre part, elle lui permet de mieux se concentrer sur ce qu'elle fait et ce qu'elle fera immédiatement après avoir terminé la pratique. Elle ne calme pas les nerfs comme la Sama Vritti, mais elle apporte une plus grande concentration à l'esprit du sujet. C'est pourquoi il n'est pas recommandé de pratiquer Nadi Shodana avant de s'endormir : on risque de devenir plus alerte et concentré. Compte tenu de la nécessité d'alterner les narines, on peut parler de Nadi Shodana comme d'une technique de respiration de niveau approximativement intermédiaire. Il ne convient peut-être pas aux débutants, mais il constitue certainement une excellente arme entre les mains de ceux qui sont plus expérimentés dans la pratique de la respiration.

Il ne faut pas oublier que ces exercices doivent être effectués avec une certaine constance, surtout si l'on veut obtenir des bénéfices visibles sur une période de temps assez longue. Il ne sert à rien de ne pratiquer les exercices de respiration que quelques fois. Avec le temps, le corps s'habitue plus facilement à un état plus équilibré.

Les techniques illustrées peuvent être utilisées non seulement pour contrôler l'anxiété, mais aussi pour prévenir son apparition, par exemple lors des examens. Ces exercices enseignent comment neutraliser les tensions, qu'elles soient mentales ou musculaires, et aident la personne à obtenir les résultats escomptés. Ils peuvent être définis comme une sorte d'entraînement, qui aide à mieux contrôler l'anxiété.

Une autre précision doit être apportée. Les exercices de respiration sont utiles, mais ils peuvent ne pas suffire à éradiquer complètement le problème. Dans certains cas, ils peuvent procurer un soulagement temporaire et avoir une efficacité à long terme, mais d'autres remèdes, tels que les techniques comportementales, la psychanalyse, divers remèdes scientifiques et la thérapie cognitive, peuvent être nécessaires pour réussir à maîtriser l'anxiété et les crises de panique. Les exercices de respiration ne sont qu'une arme parmi d'autres qui peuvent être utilisées avec succès pour lutter contre l'anxiété, et ce n'est même pas la plus efficace ou la meilleure. Il ne faut pas oublier d'autres petites mesures qui peuvent aider à contrôler l'anxiété et les troubles connexes, comme l'activité physique ou une alimentation saine, comme nous le verrons plus loin.

Enfin, il ne faut pas oublier que certaines personnes peuvent avoir des difficultés à respirer profondément. Nous ne parlons pas seulement de ceux qui souffrent de maladies respiratoires, comme l'asthme, mais aussi des personnes qui, précisément à cause de leur anxiété ou de leur stress, peuvent avoir du mal à respirer régulièrement et/ou profondément. Dans ces cas, c'est la sensation d'agitation elle-même qui crée des problèmes, mais comment y remédier et ne pas percevoir d'essoufflement ? Dans ce cas, il est recommandé de mettre en œuvre des techniques de relaxation en essayant de contrôler sa respiration, mais sans trop se concentrer sur celle-ci. Cela permet de calmer les nerfs en ramenant les cycles respiratoires à la normale. La respiration abdominale, qui permet de calmer à la fois l'esprit et la respiration, peut-être d'une grande aide pour les personnes souffrant d'anomalies respiratoires. Calmer les nerfs et pouvoir mieux se concentrer sur les actions de la vie quotidienne sont ces petits succès qui ne se manifesteront que plus tard. Et, en général, le temps est l'ami de ceux qui font un usage judicieux des exercices de respiration décrits.

Les techniques comportementales pour surmonter l'anxiété

Parmi les différents remèdes utilisés pour traiter l'anxiété et les crises de panique, on trouve une grande variété de techniques comportementales. Ceux-ci sont spécifiquement conçus pour agir à la racine du problème et peuvent actuellement être considérés comme l'une des solutions les plus efficaces. Toutefois, ils doivent être associés à l'utilisation d'autres solutions, grâce auxquelles on peut obtenir une réponse bénéfique plus intense de l'organisme. Ces techniques se caractérisent par une étude détaillée de l'anxiété, des conditions dans lesquelles elle se manifeste et des stratégies utiles possibles pour parvenir à un changement. Après l'application des différentes techniques comportementales utiles pour vaincre l'anxiété, une phase d'analyse continue est effectuée pour évaluer les résultats du traitement. Ainsi, certains détails du traitement sont modifiés pour améliorer les réponses adaptatives.

Certains praticiens appliquent des techniques spéciales, parmi lesquelles l'"économie de jetons" mérite d'être mentionnée. Ils sont utiles pour stimuler le patient à s'engager afin d'atteindre des objectifs ou des résultats. L'**économie de jetons** (" token economy ") en elle-même n'est rien d'autre qu'une technique de "points" : le patient gagne des étoiles, des jetons ou des points pour atteindre des objectifs. En revanche, ce système prévoit la possibilité de perdre ces points en cas de comportement problématique. Cette technique n'est appliquée que dans le cas des enfants, car les points accumulés peuvent ensuite être échangés contre de la nourriture, de l'argent, des jouets, du temps libre ou d'autres choses, ce qui sera inutile dans le cas d'un traitement pour adultes. Une telle technique peut être utilisée non seulement par les spécialistes du domaine psychiatrique, mais même par les enseignants ou les parents pour obtenir un résultat.

Les techniques comportementales illustrées ont des aspects "faibles", pour ainsi dire, dont il faut être conscient et qu'il faut éventuellement éliminer. Le principal inconvénient est qu'il faut beaucoup de temps pour obtenir des améliorations visibles. En utilisant des remèdes pharmacologiques, les premières améliorations peuvent être obtenues plus rapidement et plus facilement. En revanche, la durée de leur manifestation peut être plus courte. Lorsqu'on évalue l'efficacité des techniques comportementales, il faut savoir ne pas généraliser les changements survenus dans des situations différentes de celles du traitement réel. La réponse du corps à certains stimuli peut varier en fonction de l'environnement dans lequel elle se produit.

Malheureusement, il peut s'avérer difficile pour les parents et les enseignants de maintenir ce type de techniques sur une base régulière. Elles nécessitent une approche professionnelle bien ciblée, mais avec la coopération entre la famille et le spécialiste, il serait souhaitable d'appliquer ce type de techniques de manière continue. Un facteur remarquable est précisément la continuité afin de pouvoir obtenir d'excellents résultats à long terme.

Avant de décrire les différentes techniques comportementales utiles au traitement de l'anxiété et des crises de panique, il est essentiel d'expliquer qu'elles sont en effet nombreuses. Au cours de l'histoire, de nombreuses techniques extrêmement différentes ont été créées. Elles vont des plus immédiates aux techniques comportementales les plus sophistiquées et détaillées, en passant par les techniques comportementales créées pour les personnes à problèmes, sans oublier celles qui font largement appel à l'imagination. Les décrire toutes dans les pages de ce livre serait superflu, car certaines sont l'apanage des professionnels. Nous allons tenter d'illustrer les techniques comportementales les plus utiles et les plus populaires pour traiter des problèmes tels que l'anxiété et les crises de panique. Plusieurs d'entre eux peuvent être utilisés par la personne qui en souffre pour disposer d'une arme supplémentaire dans la lutte contre l'anxiété et les troubles connexes.

1) Technique d'exposition aux symptômes

Elle a déjà été mentionnée ci-dessus et est, dans sa forme la plus simple, une technique qui consiste à exposer le patient au problème. Elle est utilisée comme élément de base de diverses thérapies orientées vers la cognition et le comportement. Et c'est l'un des outils les plus précieux pour combattre l'anxiété. **L'exposition aux symptômes** est une technique qui s'applique sous la supervision étroite du spécialiste, mais il existe des cas où cette technique pourrait être utilisée sans la présence du spécialiste. Ceux qui se trouvent dans un environnement sûr, peut-être en présence d'autres personnes, peuvent essayer d'utiliser cette technique, mais il faut se rappeler que dans les cas graves, le risque de perdre le contrôle existe toujours. En premier lieu, la personne peut se trouver en état de danger précisément à cause de ses émotions et de son incapacité à les contrôler. Ce qu'il faut, si l'on souhaite mettre en œuvre cette technique, c'est de l'imagination. Le sujet doit s'imaginer qu'il se trouve devant le stimulus qui génère l'anxiété ; plus l'imagination de l'individu est vive, meilleurs seront les résultats.

Pour commencer, on peut s'allonger confortablement sur un lit ou un canapé ; dans certains cas, il est recommandé de s'asseoir, mais en général, la position assise permet d'atteindre un état moins détendu. L'important est de pouvoir adopter une position aussi confortable que possible, afin de ne pas ressentir de gêne ou de distraction extérieure. La raison en est triviale : ils pourraient interférer avec l'imagination de la personne et diminuer considérablement l'efficacité de l'exercice.

Il suffit alors d'imaginer la situation qui provoque l'anxiété et d'essayer de la gérer dans son propre esprit. Il est très important d'être capable de se concentrer sur son côté émotionnel. En effet, il faut se rendre compte que sans une préparation adéquate à l'impasse émotionnelle, il devient difficile de contrôler l'anxiété. Plusieurs simulations doivent être effectuées pour que l'individu se prépare à la deuxième phase de la technique. Les premières fois, cet exercice est mal réalisé : l'imagination ne parvient presque jamais à atteindre un niveau de détail suffisamment profond. C'est pourquoi l'individu reste quelque peu "suspendu" : il ne peut pas vraiment vivre la situation problématique sur sa propre peau. Si cette technique était mise en œuvre plusieurs fois, le sujet apprendrait à la simuler de mieux en mieux. Et s'il pouvait percevoir l'anxiété par l'imagination, il pourrait apprendre à gérer le problème et, pourquoi pas, même à le surmonter. Ces actions ne sont qu'une préparation à la deuxième phase.

Après diverses simulations, la personne est enfin prête à appliquer la technique d'exposition. Il faut savoir que ces derniers peuvent être appliqués soit sous la supervision d'un psychiatre, soit seuls, à domicile ou ailleurs. Cette dernière solution n'est à privilégier que si l'on sait que l'on ne peut courir aucun risque de crise de panique.

Pour la deuxième phase d'application de cette technique, il sera nécessaire de réaliser des activités visant à simuler physiquement les situations qui provoquent l'anxiété du sujet. Nous parlons de ce qui peut être considéré comme un contact physique avec l'agent anxiogène. Ainsi, si, par exemple, le facteur anxiogène est une foule de personnes, le sujet pourra essayer de rechercher ce type de situation pour tenter d'y faire face. L'important est que le contact physique se fasse dans un environnement sûr et, de préférence, contrôlé. De cette manière, le sujet peut apprendre à gérer les pensées dites "intrusives". Plus le contact avec le facteur anxiogène augmente, plus l'individu apprendra à gérer ce type de problème.

L'application de ces techniques peut sembler dangereuse au premier abord. Dans plusieurs cas, l'apparition de symptômes associés tels que la tachycardie est possible. C'est normal et lorsqu'on apprend à gérer ses émotions dans les situations qui provoquent l'anxiété, ces symptômes tendent à disparaître.

Ce type de technique comportementale peut être utilisé à différentes fins. Par exemple, pour gérer les émotions négatives, pour éliminer les comportements problématiques, pour mieux contrôler les peurs liées à des objets, des lieux, des animaux ou des situations. Pas seulement ça. C'est une technique qui peut être utilisée avec succès par les personnes qui souhaitent éviter les pensées négatives ou les comportements perturbateurs.

Dans certains cas, les gens ne peuvent tout simplement pas appliquer eux-mêmes ce type de technique. Cela se produit lorsque le problème est trop profondément enraciné, parce qu'il n'a pas été traité correctement ou simplement ignoré. À ce moment-là, on ne peut s'empêcher de contacter un spécialiste. Il pourra indiquer la bonne voie thérapeutique à suivre et donner aux personnes concernées des conseils utiles sur la meilleure façon d'appliquer cette technique. Bien sûr, l'aide du spécialiste sera coûteuse, mais c'est un coût qui vaut la peine d'être supporté si vous ne voulez pas courir de risques pour votre santé.

2) *Technique de satisfaction des besoins*

Plus qu'une technique comportementale, cela peut être considéré au même titre qu'un petit conseil de vie. Celui qui peut donner un coup de main pour éliminer les différents problèmes et difficultés liés à la sphère émotionnelle. Les besoins dont il est question sont dits "émotionnels et universels". En général, il s'agit de besoins qui sont présents dans la psyché humaine depuis l'enfance. Les besoins généraux, pour ainsi dire. Travailler sur eux n'éliminera pas le problème comme l'anxiété ou les crises de panique, mais cela aidera à se sentir plus confiant. Dans certains cas, elle peut contribuer à l'élimination des symptômes, car ces besoins, s'ils ne sont pas correctement satisfaits, entraînent un fort déséquilibre dans la sphère émotionnelle.

Parmi les besoins émotionnels universels, il ne faut pas oublier l'autonomie et le sentiment d'identité (s'ils font défaut, le sujet commence à ressentir divers malaises, car il ne peut pas trouver sa propre sphère émotionnelle totalement indépendante), l'expression de soi (c'est-à-dire de ses propres émotions, besoins et sentiments), mais aussi les soins, l'acceptation, l'affection et la sécurité (ce dernier besoin est surtout essentiel pour éviter les problèmes de toute nature). Enfin, la nécessité de fixer des limites au contrôle des impulsions dans un large éventail de situations, tant individuelles que sociales, ressort. Le fait de pouvoir satisfaire ces besoins naturels permet à l'individu d'effectuer une reconstruction psychologique, en éliminant les différents problèmes de manière autonome et sans devoir s'adresser à un spécialiste.

Attention toutefois : cette technique comportementale comporte plusieurs étapes, dont la première est l'analyse. Ce travail doit être effectué par le sujet lui-même, en essayant de comprendre quels sont les besoins indiqués qui n'ont pas été suffisamment satisfaits. La phase d'évaluation ne doit être réalisée qu'à tête reposée et sans être influencée par des préjugés ; elle ne peut être effectuée, par exemple, après une dispute. Il peut arriver qu'un besoin ait été suffisamment satisfait, mais pour l'individu, cela semble être le contraire.

Dans ce cas, une situation de " suralimentation " peut se produire : l'individu peut accentuer son attention sur un besoin, si celui-ci ne nécessite aucune gratification. Il est évident qu'en cas d'erreur de jugement, aucun bénéfice ne pourrait être tiré de cette technique comportementale.

Si, après avoir effectué la phase d'analyse, il apparaît que tous les besoins ont été adéquatement satisfaits, il n'est pas nécessaire de poursuivre. Le problème de l'anxiété éventuelle peut trouver son origine dans une autre sphère émotionnelle. Si l'on peut identifier précisément quel est le besoin non satisfait, il faudra y travailler. Cela conduit à la deuxième phase : celle de la reconstruction. Si la personne ressent un manque d'autonomie, elle doit en parler à ceux qui la limitent (souvent les parents), en expliquant qu'elle a davantage besoin d'espace et de temps pour elle-même. Pour être partiellement indépendant, pour ainsi dire. Il s'agit toujours d'un dialogue qui doit être mené avec délicatesse. Il ne faut pas être brusque en voulant s'exprimer. Et au fil du temps, il faut essayer de mettre en œuvre davantage de comportements visant précisément à améliorer son autonomie. Devenir indépendant est fondamental. Il ne s'agit bien sûr que d'un exemple : après avoir trouvé le besoin qui a été négligé, il faut établir un plan d'action pour l'améliorer. Il faudra un certain temps pour que la reconstruction psychologique de l'individu se fasse et que ses effets se manifestent. Dans diverses situations, l'individu peut oublier de ressentir une certaine forme d'anxiété : le problème est surmonté spontanément et sans qu'il soit nécessaire d'intervenir.

Le principal problème de cette technique est qu'elle peut ne servir à rien si les besoins du sujet sont satisfaits, ne consommant que du temps et de l'énergie sans aucun résultat.

C'est pourquoi, avant d'appliquer toute technique comportementale, il est conseillé d'effectuer une phase d'analyse précise et approfondie, afin que rien ne se passe mal. Sinon, il est conseillé de consulter un psychiatre, un expert sera certainement en mesure de l'appliquer sans erreur.

3) Technique d'hypnothérapie cognitive-comportementale

De par son nom, on peut déjà deviner qu'il s'agit d'un remède très efficace contre l'anxiété et les crises de panique, mais il ne peut être appliqué avec succès que par un professionnel ayant une longue expérience derrière lui. Elle se caractérise par la combinaison de diverses techniques hypnotiques et de la thérapie cognitive-comportementale classique du secteur psychiatrique. Son objectif est d'accélérer le processus de contrôle des émotions du patient. Grâce à l'utilisation de cette technique, le sujet devrait devenir capable de contrôler les différentes réactions de son corps, de reconnaître les manifestations des différents problèmes et, dans un certain sens, de prévenir l'apparition d'émotions dysfonctionnelles. En principe, il peut être nécessaire d'effectuer plusieurs séances d'une telle thérapie, allant d'un minimum de 3 à un maximum variable selon les particularités de l'individu. Chaque session peut varier légèrement des autres. La variation est nécessaire pour que le changement de contrôle de la sphère émotionnelle puisse être fossilisé dans la pensée. Une fois que les avantages de cette technique font partie du psychisme de la personne, ils se manifestent dans ses actions.

Ce type de thérapie a des usages variés et son champ d'application est très large. D'un certain point de vue, on peut dire qu'il agit directement sur le subconscient du sujet et c'est pourquoi les bénéfices sont si prononcés.

Il convient toutefois de souligner qu'il s'agit d'une technique qui ne doit être appliquée que par de véritables professionnels. Elle requiert un large éventail de connaissances et de compétences pour pouvoir être utilisée de manière optimale. Elle ne peut être appliquée que par ceux qui ont déjà démontré qu'ils peuvent utiliser les techniques hypnotiques d'une manière spécialisée et totalement sûre pour le patient. Si des erreurs sont commises, le patient peut être lésé. Il vaut mieux dépenser un peu plus pour trouver un excellent spécialiste. Il est donc conseillé de trouver un très bon spécialiste si l'on veut se soumettre à la technique de l'hypnothérapie cognitive-comportementale. Et, bien sûr, il ne peut en aucun cas être utilisé dans sa propre maison, de manière indépendante.

4) Technique métacognitive

Sur la liste des meilleures techniques pour contrôler l'anxiété et les crises de panique, on ne peut pas manquer le fameux **TMI,** c'est-à-dire la thérapie métacognitive interpersonnelle. Son principal objectif est d'améliorer de manière visible la "sphère de métacognition" de l'individu, c'est-à-dire le secteur de notre psychisme directement lié à la capacité de reconnaître ses propres émotions, actions et pensées. Pour résumer, la technique métacognitive (appelée thérapie métacognitive) permet aux patients de devenir plus conscients de leur vie. Avec le temps, le sujet devient capable d'identifier les différents comportements dysfonctionnels et d'en trouver la source, en comprenant d'où ils proviennent, comment ils se développent, quels sont les symptômes. Il sert à améliorer la réponse fonctionnelle et adaptative de l'organisme afin d'effacer les manifestations problématiques (symptômes anxieux) qui peuvent être gênantes. Grâce à ce type de technique, l'individu lui-même devient plus conscient de ses propres schémas psychologiques, devenant ainsi plus à même de contrôler les problèmes qui y sont liés. Nous ne voulons pas dire que, contrairement à ce que l'on pourrait penser, l'individu devient une sorte de "psychologue de lui-même". Cela signifie qu'ils deviennent plus aptes à gérer leur sphère émotionnelle, devenant ainsi plus immunisés contre des problèmes tels que l'anxiété, la faiblesse psychologique ou les crises de panique.

Comme plusieurs autres techniques, la technique métacognitive se compose principalement de deux étapes. La première est appelée "formulation partagée du fonctionnement" et est réalisée par le spécialiste en dialogue avec le patient. Au cours de cette étape, on reconstruit la manière de penser du sujet dans les différentes situations de sa vie quotidienne. C'est une étape qui doit être réalisée avec le plus grand soin, car de sa réussite dépend l'efficacité de la technique. Après cette phase, nous passons à la suivante, appelée "Promotion du changement". Grâce à une série d'autres dialogues, le patient et le spécialiste tentent de reconstruire une toute nouvelle forme de pensée, en promouvant une série de comportements visant à éliminer le malaise. On tente de mettre en évidence les aspects positifs de la psyché de l'individu, tout en essayant de dissimuler les aspects négatifs.

Un bon praticien est capable d'accroître la confiance de l'individu et la maîtrise de ses actions. Non seulement les comportements dysfonctionnels (tels que les comportements liés à l'anxiété), mais aussi toute une série de schémas de pensée limitatifs sont modifiées. Grâce à une approche professionnelle et ciblée, les différentes limites que le patient s'est imposées peuvent être supprimées. La technique métacognitive n'affecte pas seulement les restrictions liées à l'anxiété, mais de nombreux autres blocages.

En fait, il s'agit d'une technique comportementale qui est loin d'être simple à appliquer. Elle nécessite l'utilisation de divers outils et de nombreuses compétences. Plusieurs séances de préparation peuvent être nécessaires avant de passer à la technique proprement dite. Comme on peut le deviner, il s'agit d'une technique comportementale qui ne peut en aucun cas être utilisée de manière autonome par le patient, puisqu'elle repose sur les dialogues menés entre le praticien et la personne souffrante. Parmi ses aspects positifs, il s'agit d'une technique qui peut être utilisée pour traiter les états d'anxiété les plus profonds et les plus enracinés. Ces troubles qui ont été négligés pendant très longtemps et qui nécessitent donc le traitement le plus efficace possible.

Pour pouvoir l'utiliser avec succès, il est nécessaire de posséder de nombreuses connaissances et de pouvoir intervenir avec assurance afin de modifier les schémas mentaux que l'individu s'est fixés. Le conseil de base reste le même : trouvez un excellent spécialiste, qui a déjà prouvé sa capacité à appliquer la technique métacognitive. Celui qui a une longue expérience de son application et qui est donc capable d'en réaliser toutes les étapes avec la plus grande précision.

Il ne faut pas la sous-estimer, en pensant qu'il s'agit d'une technique courante et donc applicable par n'importe quel spécialiste. Nous parlons ici de ce que divers psychiatres considèrent comme une arme efficace dans la lutte contre les troubles anxieux ou les crises de panique. Comme toute arme, elle peut être une arme à double tranchant, surtout si elle est mal utilisée. Les risques, en fin de compte, sont toujours là.

5) Technique de relaxation musculaire de Jacobson

La "technique de relaxation musculaire progressive" de Jacobson est une technique cognitive-comportementale très pertinente dans le domaine psychiatrique. Elle est réalisée par un spécialiste, qui apprend à la personne à contracter et décontracter les muscles de son corps. Une fois que la personne a appris à le faire, elle peut mettre ses connaissances en pratique lorsqu'elle est chez elle, sans avoir besoin d'être assistée par un psychiatre et sans avoir besoin d'être dans un environnement sûr. L'objectif ultime de la technique de relaxation musculaire progressive de Jacobson est de donner au patient la possibilité de percevoir un certain plaisir de la relaxation musculaire. Un plaisir que certains définissent comme similaire au plaisir sexuel, bien qu'il ait tendance à être différent.

Cette technique peut être utilisée avec succès non seulement dans le cabinet du spécialiste ou à la maison, mais partout où l'on se trouve. Il n'y a pas d'indications particulières, si ce n'est d'être "au repos" : la relaxation sera moins efficace si, par exemple, vous voulez pratiquer debout. Il est parfait pour ceux qui sont couchés ou assis. L'état de relaxation qu'il est capable de provoquer s'étend non seulement au niveau physique, mais aussi au niveau psychologique. Pour ce faire, il est nécessaire d'apprendre à le faire de la meilleure façon possible.

En fait, apprendre à utiliser cette technique n'est pas aussi trivial qu'il n'y paraît à première vue. Les premières fois, on aura besoin d'un professionnel pour guider le patient, étape par étape, vers la contraction des muscles puis vers leur décontraction. Il ne faut pas penser superficiellement que l'on est capable de le faire sans aide extérieure, surtout au début. Cette technique requiert un haut degré de maîtrise musculaire et physique.

Et, de toute façon, pour pouvoir l'appliquer au mieux, il faut la pratiquer. Pour commencer, il faut s'allonger ou s'asseoir (le lieu n'est pas très important) et s'isoler en quelque sorte du monde extérieur. Ensuite, il faut commencer à contracter tous les muscles du corps. Attention : le sujet ne doit pas simplement imaginer les contracter. Il ne s'agit pas d'une technique basée sur la visualisation. Nous parlons d'une technique qui implique la contraction physique des muscles, une véritable tension. Les premières fois, il peut être difficile de le faire, surtout si vous n'êtes pas habitué à effectuer une contraction musculaire, mais avec le temps et la pratique, cela devrait devenir plus facile. Une fois que tous les muscles se sont contractés, vous devez les maintenir dans cet état pendant un certain temps, juste quelques secondes : le temps de percevoir leur tension. Ensuite, vous devez les relâcher brusquement et vous devez ressentir un sentiment de satisfaction à la suite de cette action.

Avec le temps et la pratique, il peut être nécessaire de maintenir les muscles en phase de contraction plus longtemps. Cela se produit lorsque les tissus s'habituent à être dans un état contracté et que l'effet de plaisir dérivé de leur relaxation diminue en intensité. Il n'y a pas d'indication précise quant à la durée de la contraction des muscles. Chacun doit choisir la période de contraction et celle de relaxation en fonction de ses besoins, de sa pratique, de son expérience et d'autres facteurs.

Et si vous ne savez vraiment pas quel intervalle de temps vous devez envisager, vous pouvez toujours vous tourner vers le professionnel qui a enseigné la technique de relaxation musculaire progressive de Jacobson. Ce dernier sera en mesure d'établir un plan d'entraînement pour la contraction et la décontraction musculaire, en fournissant au patient tous les détails.

Et si nous avons jusqu'à présent beaucoup parlé de la technique elle-même, nous devons comprendre pourquoi elle est efficace et pourquoi elle est utilisée. Après tout, le simple plaisir n'est pas le but des techniques comportementales, n'est-ce pas ? En réalité, la sensation de plaisir que nous percevons peut interférer positivement avec l'anxiété, en la calmant. C'est pourquoi elle fait partie de ces techniques comportementales dont l'utilisation est recommandée précisément dans les situations présentant un risque élevé de manifestation de l'anxiété. Par exemple, on peut mettre en œuvre ce type de technique avant un examen, si celui-ci amène la personne à se sentir anxieuse, agitée et pas très calme. Afin de ne pas risquer une mauvaise approche au moment même où l'on a besoin d'aide, il est conseillé de s'exercer d'abord à la maison ou dans le cabinet du psychiatre. Ainsi, vous éviterez d'être pris au dépourvu et pourrez réagir de manière appropriée au problème.

6) La technique d'exposition avec prévention des réactions

Enfin, nous trouvons ce qui représente une autre solution précieuse pour le traitement des troubles anxieux et des crises de panique. On parle de la technique d'exposition avec évitement de la réponse.

Cette technique consiste à rapprocher le sujet affecté des

stimuli potentiellement dangereux, sans utiliser aucune sorte d'action compensatoire à l'anxiété provoquée. Il essaie de s'adapter à la situation. Cette technique est principalement utilisée par les spécialistes qui doivent faire face à des cas plutôt problématiques. Un parfait exemple de la technique d'exposition avec évitement de la réponse est celui des personnes qui ressentent de l'anxiété dans les environnements bondés. Dans ce cas, la personne souffrante est invitée à visiter ce type d'espaces dans l'espoir qu'elle s'y habitue. Ce faisant, le sujet se confronte au danger et tente de l'apprivoiser, pour ainsi dire. La technique d'exposition avec évitement de la réponse ne doit être appliquée qu'en présence du spécialiste, afin qu'il puisse aider le patient en cas de problème. Cela dépend beaucoup du patient et de sa tendance à trouver une issue aux situations problématiques. Le but ultime de la technique d'exposition avec évitement de la réponse est d'éliminer les pensées concernant les conséquences de se retrouver dans la situation qui provoque l'anxiété. Elle agit directement sur la pensée, avant même d'agir sur le corps. Grâce à cette aide, on peut comprendre rationnellement qu'aucune catastrophe ne se produira si la situation évoquée se produit réellement. Pour y parvenir, il est important que cette technique soit mise en œuvre progressivement. La personne qui souffre doit s'y habituer lentement : personne ne jetterait le patient dans une situation angoissante sans aucune préparation. Une fois que l'on s'est habitué au stimulus sans qu'aucun symptôme traumatique ne se produise, il sera possible de penser à une exposition complète. De cette manière, une sorte d'élimination des compulsions qui poussent le patient à ressentir de l'anxiété a lieu. Avec le temps, le sujet apprend que les compulsions sont dysfonctionnelles et inutiles ; par conséquent, les différents comportements nuisibles sont éliminés. Cela peut ne pas être facile, car le message qui arrive doit "toucher" directement le subconscient du patient.

Il existe un autre facteur à évaluer : la compréhension des conditions dans lesquelles la technique est mise en œuvre. Certaines personnes peuvent comprendre qu'il s'agit d'une technique mise en œuvre dans une situation sûre, différente de ce qui se passerait en dehors du cabinet du psychiatre. Leur réponse à l'exposition en présence du spécialiste pourrait être différente de celle en l'absence du professionnel. Par conséquent, un excellent psychiatre doit non seulement vérifier que le patient est capable de contrôler son anxiété et ses crises de panique dans des conditions d'exposition contrôlée, mais aussi dans une situation où ce contrôle fait défaut. Certains psychiatres, après avoir effectué les phases de préparation et d'exposition contrôlée, tenteront de mettre le patient en contact avec le stimulus dans une situation non contrôlée. Cette phase n'est pas toujours nécessaire.

Les techniques indiquées ne sont que quelques-unes des diverses techniques comportementales que les psychiatres utilisent pour traiter les troubles anxieux. A cela s'ajoutent de nombreuses autres techniques, certainement moins populaires et moins utilisées. En s'adressant à un expert, il lui appartiendra de choisir le type de technique à mettre en œuvre pour traiter les problèmes du patient. Il faut une grande maîtrise de ses actes et une immense patience pour voir les premiers résultats. Il est évident que les traitements professionnels sont préférables aux traitements amateurs, réalisés par le patient lui-même.

Anxiété et crise de panique : les habitudes à adopter

Outre l'utilisation de véritables techniques comportementales et cognitives, toute personne souffrant de troubles anxieux ou de crises de panique peut envisager de mettre en place des comportements positifs et des habitudes bénéfiques dans sa vie quotidienne. Il s'agit de petits gestes quotidiens, de mesures simples qui peuvent aider au traitement des problèmes liés à l'anxiété et aux crises de panique. Les suggestions ci-dessous ne doivent pas être considérées comme faisant partie d'une thérapie, mais représentent une liste créée par des experts pour vous rendre plus apte à maîtriser vos émotions. Il s'agit d'actions que chacun d'entre nous peut entreprendre pour augmenter la probabilité que la thérapie ait un effet positif. Il a été démontré que suivre ces conseils vous aidera à mieux gérer l'anxiété, ainsi que d'autres émotions négatives, mais attention : cela peut prendre un certain temps pour maîtriser vos émotions. C'est un long chemin : un mur, celui de la sécurité émotionnelle, qui doit être construit pas à pas.

Il ne s'agit pas vraiment de remèdes, mais plutôt de petites aides qui apporteront un soutien précieux.

Quelles sont ces habitudes et comportements qui peuvent aider à gérer l'anxiété ?

1) Bien dormir et bien se reposer

Le sommeil ? Cela semble trivial, superficiel, inutile. Pourtant, de nombreuses personnes ont tendance à ignorer son caractère essentiel. Le résultat est toujours le même : la perte de la capacité à gérer ses émotions. Une personne qui dort peu devient agitée et nerveuse ; elle perd sa concentration et son attention. Avec la perte partielle du contrôle de ses émotions, d'autres problèmes apparaissent. Il ressent souvent en lui une émotion négative croissante. À long terme, ce sentiment tend à détruire l'individu de l'intérieur, le forçant à accomplir des actes peu rationnels. Et si quelqu'un pense qu'il peut dormir six heures ou moins sans conséquence... eh bien, il se trompe lourdement. La réalité est que, qu'on le veuille ou non, notre cerveau a besoin d'une pause. Il a besoin de s'éteindre, pour ainsi dire, afin de restaurer l'énergie du corps et de laisser certaines zones se reposer. Si ce n'est pas le cas, un état de fatigue générale s'installe, qui affecte la sphère émotionnelle. Peu de gens y prêtent attention, mais ceux qui dorment peu sont généralement les plus nerveux. Ils semblent presque avoir un état d'anxiété continu et chronique. Un état, celui-là, qui peut passer dès que l'on prend quelques heures de repos, mais qui, à la longue, peut se faire sentir. Ça y est : le manque de sommeil est sans aucun doute l'un des facteurs susceptibles de favoriser l'apparition de troubles anxieux accompagnés de crises de panique. Voulez-vous empêcher que cela se produise ? Ensuite, il faut bien dormir, en réservant le temps nécessaire au sommeil.

Après tout, la nécessité de dormir suffisamment ne signifie pas en même temps que l'autre côté de la médaille - trop de sommeil - est acceptable. Le sommeil est une ressource positive, mais il doit être géré sobrement et d'une manière adaptée à la situation. Il n'est pas nécessaire de trop dormir si l'on n'est pas assez fatigué. Et si cela se produit, l'organisme humain peut protester, donnant lieu à divers autres problèmes. Il suffit de penser à l'état de somnolence permanente, ce brouillard dans l'esprit qui empêche de réaliser au mieux les activités quotidiennes normales. Le meilleur conseil est de dormir environ 7 à 8 heures par jour et il est conseillé de le faire la nuit, de 23 heures à 7 heures. La raison en est simple : le corps humain est une sorte d'horloge biologique. Un "dispositif" qui est préréglé pour s'éteindre à des heures déterminées. C'est pourquoi le repos pendant la nuit est crucial : nous nous reposons mieux pendant ces heures. Le sommeil profond a plus de chances de survenir la nuit : le cerveau entre alors dans la phase REM. Nous nous reposons mieux, pour être bref. Lorsque nous nous levons le matin, nous nous sentons donc un peu endormis, mais prêts à commencer la journée de la meilleure façon possible. Et l'anxiété ? Eh bien, en dormant bien, il peut trouver un terrain moins fertile dans la psyché d'une personne et, à tout le moins, ne pas progresser. De plus, tant que le sommeil nous aide à nous sentir mieux, il peut apporter une aide considérable dans le traitement des troubles anxieux.

2) L'importance d’une bonne alimentation

Un autre conseil judicieux concerne le domaine de la nutrition. En fait, "Nous sommes ce que nous mangeons" n'est pas qu'un joli dicton : c'est un fait bien connu des scientifiques (et pas seulement d'eux) depuis plusieurs années. Ainsi, les aliments riches en calories, sucrés et malsains peuvent avoir un effet négatif sur le psychisme des individus. En effet, notre organisme doit dépenser beaucoup d'énergie pour les assimiler et se "fatigue" plus rapidement. À long terme, ils peuvent être nocifs pour les autres systèmes de l'organisme, mais c'est une autre histoire. Si vous souffrez de problèmes d'anxiété, l'un des meilleurs conseils à suivre est d'adopter un mode de vie sain et régulier en mangeant bien. Celle qui donne la possibilité d'avoir une sphère émotionnelle plus forte et plus stable. Bien que beaucoup puissent sous-estimer ce conseil, la réalité est que la nourriture que nous mangeons affecte clairement nos émotions. Certains aliments peuvent nous rendre calmes, d'autres peuvent nous rendre agressifs. À tel point qu'en fonction de ce que nous mangeons, nous pouvons percevoir des changements dans notre humeur. En maintenant un mode de vie basé sur une alimentation saine, vous devenez capable de maîtriser vos émotions. Il est conseillé de préférer les fruits et légumes aux aliments riches en calories, d'éliminer de préférence l'eau gazeuse et l'alcool en grande quantité. Et si vous voulez vraiment vous engager sur la voie d'une alimentation saine, envisagez de consulter un nutritionniste. Les effets bénéfiques d'une alimentation équilibrée se manifestent non seulement sur le plan physique, mais aussi sur le plan psychologique. En général, les personnes qui essaient de manger sans être déséquilibrées sont mieux à même de contrôler leurs émotions. Et il suffirait de suivre un mode de vie sain pendant au moins quelques mois pour constater un changement... pour le mieux.

Pour contrôler l'anxiété, il est conseillé de prendre des concentrations élevées de sérotonine, que l'on trouve dans des aliments tels que les noix (il suffit d'en manger 4-5 par jour), le chocolat noir et le cacao (5-10 grammes par jour), mais aussi dans des fruits tels que l'ananas, le kiwi, les tomates, les bananes, les cerises et les prunes. N'oubliez pas le tryptophane et les aliments qui en contiennent : fromage, lait et yaourt. Il semblerait que même les acides gras oméga-3 puissent aider à contrôler l'anxiété. On les trouve dans les algues, les graines de lin ou de kiwi, ainsi que dans les poissons gras (principalement dans les sardines).

3) Pratiquer des activités physiques

Pour certains, cela peut sembler être une autre suggestion banale, mais ce n'est pas le cas. Le sport présente plusieurs avantages pour le corps, et parmi ceux-ci, plusieurs concernent la sphère émotionnelle. La pratique de certaines activités sportives, en effet, permet aux athlètes d'assumer une plus grande maîtrise de soi. Un exemple ? Les échecs : une discipline qui aide à maîtriser les émotions dans des situations de stress maximal et de danger apparent. Les joueurs d'échecs parviennent à trouver une issue à des situations qui, à première vue, semblent impossibles à surmonter. Évidemment, pour apprendre à mieux gérer ses soucis, à contrôler l'anxiété et la panique, il faudra pratiquer les échecs pendant un certain temps, mais rien n'est impossible pour ceux qui veulent apprendre à mieux se contrôler. Un autre domaine du sport qui mérite votre attention est celui des disciplines de combat. Non seulement ils améliorent considérablement la forme physique du sujet, mais ils l'aident aussi à avoir plus confiance en lui. Ces sports aident à percevoir une croissance individuelle et de caractère non négligeable. En conséquence, on commence à accorder moins d'importance à l'anxiété et on souffre moins dans les diverses situations qui peuvent la provoquer.

D'autre part, il n'est pas nécessaire de faire de la boxe ou de devenir un joueur d'échecs. Pour commencer à ressentir les premiers bienfaits sur le plan physique, on peut faire de la course à pied ou aller nager dans une piscine. Pratiquer une activité physique à un niveau équilibré peut aider la sphère émotionnelle. En particulier, la course à pied peut réduire la concentration de cortisol dans le sang, détendre les muscles et, en général, le sujet se sentira plus énergique, ce qui peut l'aider à gérer non seulement l'anxiété, mais aussi le stress. Un argument similaire s'applique à la natation : elle détend, soulage les tensions, calme et apaise, un sport fait spécialement pour ceux qui veulent calmer leurs nerfs.

4) Écrire dans son journal intime

De fait, il semble que la tenue d'un journal intime permette de mieux contrôler les actions réalisées au quotidien en en prenant davantage conscience. Cela permet à son tour de mieux contrôler les émotions négatives. Certains, lorsqu'ils sont confrontés au conseil d'écrire un journal intime, peuvent être décontenancés. "Mais comment ?" se demandaient-ils avant de protester. "Je n'ai pas assez d'inspiration pour écrire un journal intime !". Il n'est pas nécessaire d'être un écrivain professionnel pour écrire les différentes actions réalisées ou les moments vécus. Ce qu'il faut en ces occasions, c'est la volonté de le faire. Tout le reste vient plus tard !

Pour commencer, on peut envisager de noter en quelques lignes les différentes actions effectuées ce jour-là. Ce qui était intéressant, comment s'est déroulée la journée, si cela vaut la peine de s'en souvenir. Dans ces cas-là, c'est la manière qui compte : elle apaise l'âme. Avec le temps, on peut donc écrire de plus en plus de pages. Une activité relaxante qui a un effet incroyablement bénéfique sur le cerveau.

5) Pratiquer la relaxation

Les journées chargées, dynamiques et trop actives peuvent entraîner une augmentation du taux de cortisol dans l'organisme. Le stress, quant à lui, peut s'accumuler et entraîner une fatigue physique et émotionnelle. Il en résulte une fatigue mentale. Il faut non seulement bien dormir, mais aussi savoir se détendre en essayant de bannir les différents sentiments négatifs. Cela n'est pas difficile et certaines des techniques utiles pour se détendre ont déjà été décrites précédemment. Apprendre à se détendre, en revanche, est essentiel pour chasser la fatigue causée par un mode de vie trop fatigant. Une situation qui peut conduire aux manifestations de l'anxiété sous toutes ses formes. Pour ne pas courir le risque que des journées trop lourdes affectent sa sphère émotionnelle, mieux vaut apprendre à se reposer. Comment faire ? Il suffit de s'allonger dans son lit, de fermer les yeux et... de se laisser aller ! Non, nous ne voulons pas dire s'endormir, mais détendre totalement vos muscles. Sentez leur détente, respirez calmement. Carpe Diem", comme disaient les Romains, il faut saisir l'instant pour retrouver son énergie. Les premiers bénéfices de la pratique de la relaxation sont perceptibles pratiquement immédiatement... En se calmant, les problèmes et les divers désagréments liés à la sphère émotionnelle sont réduits.

Bien entendu, la pratique de la relaxation peut être associée à la méditation ou au yoga. De cette façon, il sera possible d'obtenir de meilleurs résultats et de lutter plus efficacement contre l'anxiété, mais pour pouvoir combiner la méditation et la relaxation, il sera nécessaire d'apprendre à faire les deux. Et, comme le savent bien les maîtres de ces arts, ce n'est pas facile.

6) N'oubliez pas de sourire

La positivité fait partie intégrante de nous. On ne peut le nier : sans elle, les gens ne sont rien d'autre que des coquilles vides. Les émotions positives qui font naître un sourire sur les lèvres peuvent très bien combattre l'anxiété. Par conséquent, l'un des meilleurs conseils que l'on puisse donner pour diminuer les effets négatifs de l'anxiété sur le cerveau est de sourire. Sincèrement. Parce qu'un sourire peut apporter une joie immense. Un sourire, dit-on, est une arme efficace contre la négativité dont le monde est rempli. Et si la vie peut parfois être "grise" et que le quotidien habituel peut vous démoraliser ou vous abattre, il suffit souvent d'un sourire pour renaître, non seulement dans son corps, mais surtout dans son âme. Après tout, pourquoi renoncer à être positif, heureux et joyeux dans un monde qui nous met souvent à l'épreuve ?

À cela s'ajoute l'importance des amis. Parce qu'il peut être très difficile de trouver de la positivité quand on est seul. Pourtant, lorsque l'on a le moral à zéro, ce sont précisément les amis qui nous aident à retrouver la bonne humeur. Ce sont ces personnes qui seront toujours près de vous, qui, plus que d'autres, peuvent vous aider à trouver votre chemin vers le bonheur, bien que temporairement. C'est pourquoi il ne faut pas les ignorer : elles peuvent être plus pertinentes que toute thérapie pour les personnes souffrant d'anxiété. Plus que d'autres, ils peuvent vous donner la chance de vous sentir vivant !

Les avantages de la positivité dans la lutte contre l'anxiété ne peuvent être ni ignorés ni sous-estimés. Ils sont bien connus dans le monde de la psychothérapie depuis de nombreuses années. Et, sans surprise, c'est un outil recommandé pour faire face à de vilaines bêtes comme la dépression, l'anxiété ou les crises de panique.

En outre, il peut être très utile de faire ce que l'on aime : chanter, danser, regarder des films, jouer avec des amis... Se ménager un espace pour soi, en laissant derrière soi les fardeaux et les problèmes de la vie quotidienne. L'important est de trouver l'activité qui peut nous faire oublier l'anxiété elle-même. Une activité avec laquelle le sourire reviendra.

7) Arrêtez de vous critiquer

Voici ce que l'on pourrait considérer comme le conseil le plus essentiel : soyez proactif envers vous-même. En effet, nous vivons dans une société de personnes qui se critiquent fréquemment. Dans certains cas, l'autocritique peut être bénéfique et saine, mais il existe des situations, comme celles liées au développement de l'anxiété, dans lesquelles il est préférable d'arrêter. Être trop critique n'est pas la bonne voie à suivre si l'on veut s'améliorer. Dans de nombreux cas, la critique personnelle est un fardeau qui tire l'individu vers le bas et ne lui permet pas de se relever. Les attentes trop élevées, les remords de ne pas avoir accompli une tâche et les sentiments de frustration sont des facteurs qui font plus de mal que de bien. Alors, pourquoi ne pas abandonner ? Au lieu de vous critiquer continuellement, vous pourriez envisager de faire le chemin inverse : pourquoi ne pas vous dire des mots d'encouragement pour vous-même ? Pourquoi ne pas expliquer à son subconscient qu'en réalité, de bonnes choses ont été réalisées de toute façon ?

Le simple fait de dire des choses comme : "Tu n'as pas à t'inquiéter !", "J'ai fait du bon travail !", "J'étais bon !" peut aider à contrôler l'anxiété et les crises de panique. En effet, des messages spécifiques sont envoyés à l'esprit subconscient. Des communications qui, pour ainsi dire, renversent la situation, permettant à la personne de se sentir mieux. Cela permet à son tour de mieux gérer les émotions négatives, comme l'anxiété. Il ne faut pas en faire trop. Sinon, on court le risque d'obtenir le résultat inverse de celui recherché. Devenir moins critique envers soi-même, c'est être capable de contrôler la dose de positivité que l'on tente d'apporter à son psychisme.

Le problème de l'autocritique vient souvent des autres. Pour donner un exemple, il suffit de penser aux parents qui, dans de nombreux cas, sont la première source d'anxiété pour les jeunes. Des attentes trop élevées de la part des membres de la famille peuvent provoquer une escalade de la tension qui conduit inexorablement à des troubles anxieux. Il faut être intelligent et savoir comment gérer au mieux ce type de situation. Parfois, il peut même être utile de "s'éloigner" des parents et de leur faire comprendre que les résultats scolaires ou sportifs sont certes importants, mais jamais aussi importants que la santé psychologique. Tout le monde le comprend tôt ou tard, mais c'est dans la phase de compréhension que les plus gros problèmes peuvent survenir.

8) L'acceptation du problème

Pour finir, il faut comprendre la nécessité d'accepter l'anxiété. Nous l'avons déjà expliqué auparavant : c'est un problème qui ne doit pas être combattu de manière agressive. Les résultats que l'on peut obtenir en déclarant la guerre à l'anxiété sont souvent décevants : c'est comme essayer de percer un mur de béton à mains nues. La clé pour surmonter le problème est de l'accepter. Il faut arrêter d'y penser et se concentrer sur le présent ; dans le cas de l'anxiété, l'impératif est d'y penser le moins possible. Le patient ne doit pas considérer l'anxiété comme un ennemi à vaincre à tout prix ; il doit l'oublier. Les meilleurs professionnels conseillent de remplacer la haine, la colère, le rejet et la frustration par l'acceptation. C'est ce que nous sommes et il n'y a absolument rien de mal à l'admettre. En acceptant l'anxiété, en essayant de tourner vos pensées

ailleurs, vous atténuerez le malaise. Pour le comprendre, il suffit de se rappeler ce que représente l'anxiété : une conséquence des croyances, des pensées et des manières d'agir. Une conséquence naturelle, un mécanisme que tout le monde possède. On ne peut pas faire la guerre à une partie naturelle de nous-mêmes ; on peut parvenir à la contrôler en prenant davantage conscience de son existence.
De nombreuses personnes parviennent à se détacher tellement de ce mécanisme lié à la peur qu'elles commencent à l'étudier. Ils parviennent à l'analyser, à comprendre pourquoi elle survient, comment elle survient et ce qu'il faut faire pour la contrôler. Le secret, probablement, est justement de prendre conscience de son corps et de la sphère psychique qui lui est attachée. Afin de mieux comprendre ce dont nous parlons, il faut s'éloigner de l'expérience que l'on vit personnellement et essayer d'observer l'ensemble de la situation depuis une position extérieure. En se mettant dans la peau de l'observateur, il devient possible de comprendre quels sont les points critiques de l'anxiété et d'appliquer ensuite les différentes stratégies fonctionnelles utiles pour gérer au mieux ce sentiment. Ce n'est qu'alors qu'il deviendra normal d'agir en ignorant l'anxiété. Faire comme si elle n'existait pas : affronter la situation en étant conscient de ses dangers, mais sans en avoir peur. Et, dans tous les cas, il faut toujours avoir une attitude positive, en espérant le meilleur résultat de chaque action effectuée. Sans aucune tension, sans percevoir des attentes trop élevées, dans un esprit d'acceptation et de volonté de gérer au mieux les sentiments désagréables. C'est la voie du succès.

Décatastrophisation : mise en pratique

À propos des différentes façons de vaincre l'anxiété, nous avons envie de réserver une place (assez petite, en fait) à l'une des techniques les plus efficaces et les plus utilisées. Un espace à part entière pour une technique très efficace : on parle de décatastrophisation. Lorsqu'un événement particulièrement négatif se produit, notre psychisme se met à l'abri en faisant grand bruit : la panique est à la porte. L'ennemi arrive ! La décatastrophisation consiste à interpréter le problème de manière rationnelle afin d'éliminer les conséquences de la peur matérialisée. Avec cette technique, nous essayons de comprendre, consciemment, qu'il n'y aura pas de catastrophe. Si nous échouons à obtenir un permis de conduire, si nous échouons à un examen... la vie ne s'arrête pas là. Au contraire. La vie continuera, avec ses hauts et ses bas. En appliquant une technique similaire, nous pouvons comprendre que le monde ne se détruira pas à cause de notre échec et que nous ne mourrons pas à cause d'une signature manquée. Une meilleure compréhension du problème, de sa nature et de ses conséquences aide les individus à éliminer la terreur habituelle découlant de diverses situations défavorables. Les sentiments négatifs, conséquence de la peur, sont contrôlés. Ils font partie de la vie et il faut les accepter sans en avoir peur.

Pour mettre en œuvre la technique de décatastrophisation, on peut envisager de relativiser les événements ou les sentiments agréables. Pour y parvenir, il faut penser positivement, se concentrer uniquement sur ce que l'on peut faire et laisser de côté tout ce que l'on ne peut pas faire. En insistant sur la pensée positive, il est possible d'obtenir de très bons résultats. Vous séparez le positif du négatif, alors. La technique de décatastrophisation consiste à réfléchir au problème lui-même. Certaines questions doivent être posées :

- Quelles seront les conséquences de l'événement ?
- Que se passera-t-il si j'échoue ?
- Pourquoi est-ce que je ressens cette anxiété s'il n'y a pas de danger pour ma vie ?

À cela s'ajoutent d'autres questions, qui varient en fonction de la situation. Leur objectif est unique : pouvoir relativiser le problème, en le rationalisant. Les questions de décatastrophisation aident notre psyché à se rendre compte que le problème sous-jacent n'est pas du tout aussi sombre et effrayant qu'il peut sembler à première vue.

Encore une fois, il est préférable de ne pas s'attendre à des résultats visibles tout de suite. C'est une autre technique qui doit être mise en œuvre avec une certaine constance. En réalisant la décatastrophisation de la meilleure façon possible, des résultats positifs peuvent être observés à court terme. Les personnes qui ont essayé cette technique admettent même ressentir moins d'anxiété, car elles sont capables de rationaliser leurs peurs en réalisant qu'il ne vaut pas la peine d'être terrifié par quelque chose qui n'est pas aussi dangereux qu'il pourrait sembler.

Les thérapies cognitives pour vaincre l'anxiété

En plus des différentes techniques et habitudes décrites précédemment, il existe un autre moyen de combattre efficacement l'anxiété. Nous parlons des différentes thérapies cognitives, qui sont uniquement et exclusivement appliquées par les psychiatres. Il convient de noter qu'en plus des traitements psychologiques, il existe des traitements pharmacologiques : c'est une autre façon de traiter les troubles anxieux. Les remèdes médicaux sont certes efficaces, mais ils présentent un inconvénient majeur. Les troubles anxieux ont tendance à réapparaître peu après l'arrêt du traitement. Ce n'est pas le cas de la thérapie psychologique, dans laquelle la thérapie cognitive occupe une place considérable. Il comporte de nombreux avantages et a des effets plus durables que les traitements médicamenteux. Grâce aux thérapies cognitives, le patient devient non seulement capable de résoudre les différents problèmes liés à l'anxiété, mais même de l'éliminer progressivement. Au cours d'une thérapie cognitive, on enseigne au patient diverses techniques (dont certaines ont déjà été illustrées ci-dessus), qui sont utiles pour interrompre la tension croissante et ramener le corps à la normale. L'une de ses pierres angulaires est de pouvoir identifier les pensées liées à l'anxiété et de les éliminer, afin d'empêcher le problème de se produire.

Pour atteindre l'objectif et vaincre l'anxiété, la thérapie cognitive utilise différents outils. Il s'agit notamment d'interventions psycho-éducatives (grâce auxquelles le patient a la possibilité d'interpréter différemment ses humeurs et ses pensées), de diverses techniques d'exposition (telles que celles mentionnées ci-dessus), dans lesquelles le patient est mis en contact direct avec le problème. La restructuration cognitive est importante, car elle permet d'identifier et de discuter des pensées liées aux situations anxieuses. Dans certains cas, les discussions portent sur des croyances dangereuses ou des tendances à catastrophiser des événements désagréables.

Dans le cadre des traitements cognitifs, les professionnels de la psychothérapie tentent de mettre en œuvre l'élimination des comportements de contrôle. Souvent, elles sont automatiques et la personne les ignore : elle ne sait pas qu'elles existent. Ils se produisent d'eux-mêmes et, bien sûr, entraînent toute une série de problèmes causés par les actions menées pour prévenir un événement. Dans ce cas, les psychiatres essaient de parler au patient pour qu'il prenne conscience de ses actions et de ses pensées involontaires.

L'un des plus grands avantages de la thérapie cognitive est précisément qu'elle est capable d'utiliser des techniques efficaces de contrôle de l'anxiété et de les adapter aux besoins de la personne, afin qu'elles fassent partie de la thérapie du trouble identifié. C'est pourquoi ces interventions sont plus efficaces pour traiter les troubles anxieux que les techniques comportementales, même si cela dépend en grande partie de l'expérience et des connaissances du spécialiste qui met en œuvre les thérapies cognitives. De plus, il a été constaté au fil du temps que l'utilisation combinée de diverses thérapies cognitives ne donne pas de meilleurs résultats que l'utilisation d'une seule thérapie. Après tout, l'utilisation de divers protocoles de traitement ne signifie pas toujours que le patient a plus de chances d'être guéri. La décision appartient toujours au médecin, mais il est généralement préférable d'utiliser une thérapie cognitive plus directe et plus simple que d'essayer d'en combiner plusieurs, avec des résultats qui peuvent être moins bons. C'est un conseil pour les experts, qui devraient préférer appliquer une thérapie dans un premier temps et, en observant les résultats de leur approche, envisager plus tard d'utiliser des techniques différentes. Il faut répéter que la décision finale appartient au praticien. Ce dernier doit choisir la bonne thérapie, en se basant uniquement sur ses propres observations et expériences. Le patient n'a guère voix au chapitre et doit suivre les instructions de l'expert afin de résoudre à temps ses problèmes liés au trouble anxieux.

Au fil du temps, les thérapies cognitives se sont révélées être parmi les plus efficaces pour traiter les problèmes d'anxiété, mais il a été observé que les thérapies cognitives ont tendance à perdre leur efficacité pour diverses raisons. On observe une prévalence croissante de troubles anxieux plus difficiles à traiter parce qu'ils sont nouveaux, à quoi s'ajoute une tendance à raccourcir les traitements cognitifs. Le nombre de séances pour le traitement des troubles anxieux est réduit et l'intervention elle-même devient moins efficace. En fonction du problème, le praticien peut opter pour des séances de traitement plus courtes, mais plus nombreuses. Dans d'autres cas, les sessions peuvent être plus longues, mais en plus petit nombre.

Les premiers résultats incluent, par exemple, la volonté des patients de commencer à faire les différentes choses qu'ils avaient abandonnées ou évitées à cause de l'anxiété. Ce qui est nécessaire, c'est non seulement une approche correcte de la thérapie par le spécialiste, mais aussi par le patient. Et malgré les succès obtenus par la thérapie, il est toujours conseillé de ne jamais baisser la garde en prenant les séances à la légère. Certaines personnes, constatant que la thérapie cognitive donne les premiers résultats, se détendent, se déconcentrent et l'efficacité des séances de thérapie diminue sensiblement. Cette approche peut être non seulement inutile, mais aussi potentiellement nuisible.

En plus des pratiques que le patient effectue avec le thérapeute dans son cabinet, les thérapies cognitives peuvent inclure plusieurs actions que le sujet doit effectuer chez lui. Le médecin auquel le patient s'adresse n'est qu'un guide. Sa tâche consiste à diriger le patient pour qu'il effectue les exercices. Ce dernier peut se tourner vers le médecin pour mieux comprendre comment réaliser les séances de relaxation, comment aborder l'exécution de certains exercices, si certaines habitudes doivent être abandonnées. L'objectif principal est d'aider le patient à retrouver une plus grande confiance dans ses sentiments, en lui faisant comprendre que l'anxiété n'est qu'un petit problème dont il est possible de se remettre.

La thérapie cognitive comporte quatre phases principales :

1) une phase d'investigation sur la cause de l'anxiété en essayant d'identifier le problème ;

2) l'accent sur diverses techniques de respiration utiles pour réduire l'anxiété ;

3) La discussion et la prise de conscience des différentes pensées qui provoquent l'anxiété et causent des crises de panique ;

4) Le traitement des crises les plus légères dans un premier temps, puis celui des crises plus intenses.

Pendant l'exécution de la thérapie cognitive, une attention particulière est accordée à l'imagination. On demande souvent au patient d'imaginer les situations qui le rendent anxieux. Certains professionnels de la psychothérapie recommandent de donner une note à la situation d'anxiété qui définit sa "gravité", sur une échelle de 1 à 10. Ensuite, on passe au traitement des troubles anxieux liés à ces situations, en procédant par étapes, de celles qui sont à première vue moins dangereuses aux plus graves. La procédure de thérapie cognitive est analysée par l'expert, qui peut alors y apporter des modifications ou des corrections. Avec ceux-ci, on tente d'augmenter encore l'efficacité de la thérapie cognitive utilisée. Le patient, en réfléchissant à son comportement et à ses pensées, peut trouver des outils utiles pour lui-même afin de surmonter son anxiété. Il peut, par exemple, avoir des idées qui lui permettent de se sentir plus calme et de diminuer son niveau d'anxiété, mais c'est un événement qui se produit assez rarement et qui dépend en grande partie de la préparation du patient, ainsi que de certaines de ses facultés individuelles. Les ressources d'auto-assistance constituent une excellente base pour le traitement ultérieur des troubles anxieux, et un patient qui est capable de trouver par lui-même les moyens de combattre son trouble est généralement plus facile à traiter que les autres. Ces personnes sont en mesure d'atteindre leur objectif plus rapidement en apprenant à contrôler l'anxiété et les crises de panique, et d'obtenir de meilleurs résultats grâce à la thérapie de désensibilisation systématique. Ils deviennent moins sensibles aux troubles liés à la panique et à l'anxiété. Néanmoins, le thérapeute doit faire preuve d'un engagement total pour pouvoir orienter le patient dans la bonne direction.

Parmi les techniques les plus utilisées dans la thérapie cognitive des troubles anxieux, la désensibilisation systématique est l'une des plus efficaces et des plus populaires. Comme pour les autres approches de thérapie cognitive, la désensibilisation systématique ne doit être utilisée que sur recommandation d'un expert. Il est fortement déconseillé d'utiliser une telle technique seule, car on ne serait pas en mesure de l'appliquer correctement.

Cette technique implique la création d'une liste complète de sources de "danger", qui peuvent inclure des situations, des choses ou des personnes capables de déclencher le mécanisme d'anxiété. Les facteurs anxiogènes inclus dans la liste vont de ceux qui provoquent une peur mineure à ceux capables de provoquer une grande peur (comme expliqué précédemment, en fonction des sentiments du patient). Souvent, la personne atteinte n'est pas en mesure de dresser elle-même une telle liste et doit compter sur l'aide du spécialiste. Ce dernier peut lui demander d'adopter d'autres comportements pour l'aider à créer la liste. Par exemple, on peut commencer par se mettre dans une position confortable, fermer les yeux et imaginer les différentes situations redoutées. Une fois la liste créée, l'imagination est utilisée pour reconstruire chaque situation dans l'esprit, en commençant par la moins grave. Le praticien tente d'aider le patient en fournissant divers détails de la scène afin de la rendre réaliste. Le sujet est invité à imaginer ses actions et ses paroles : à qui il parlerait, ce qu'il dirait, comment il se comporterait. La scène ainsi reconstituée doit être aussi vivante et nette que possible. Dès que le sujet commence à ressentir de l'anxiété, le thérapeute lui demande de faire un exercice de respiration pour se calmer.

Cette technique nécessite plusieurs séances pour désensibiliser l'individu et le rendre moins enclin à percevoir de l'anxiété dans des situations de danger apparent. Les situations "dangereuses" doivent toutes être imaginées, une par une, en consacrant suffisamment d'attention et d'espace à chaque facteur anxiogène. L'objectif de cette technique est de donner au sujet la possibilité de se sentir moins affecté par l'anxiété lorsqu'il entre réellement en contact avec le facteur déclenchant.

Certains pourraient se demander pourquoi cette technique n'est recommandée qu'en présence d'un professionnel. La réponse est simple : imaginer une situation susceptible de déclencher l'anxiété peut provoquer une série de réponses négatives de la part du corps. Il suffit de penser aux crises de panique elles-mêmes, qui, à long terme, pourraient affecter négativement les perceptions du sujet. La présence du spécialiste sert précisément à éviter les conséquences désagréables, en apportant à l'individu une aide spécialisée en cas de problèmes de nature diverse. De même, la tâche du psychiatre est d'aider le sujet à imaginer la situation d'anxiété du mieux qu'il peut. Le faire, après tout, n'est pas intuitif. Comme nous l'avons vu, ce phénomène n'est pas exclusif à cette seule technique, mais est commun à de nombreuses autres approches.

Les remèdes scientifiques contre l'anxiété

Comme nous l'avons mentionné précédemment, en plus du traitement psychologique, un traitement pharmacologique peut être utilisé pour traiter l'anxiété. Cette dernière présente à la fois des aspects positifs (rapidité d'obtention des résultats) et des aspects négatifs (durée de l'efficacité). Ces remèdes ne sont recommandés qu'en association avec une thérapie psychothérapeutique. Cela peut encore accroître leur efficacité. Attention : le traitement pharmacologique ne doit être prescrit que par un psychiatre. Ces médicaments ne doivent être utilisés que dans des situations très spécifiques, jamais sans prescription médicale.

Les remèdes pharmacologiques pour le traitement de l'anxiété sont divisés en plusieurs groupes. Il s'agit notamment des anxiolytiques (comme la buspirone), des antidépresseurs (à ne prendre que si l'anxiété conduit à la dépression, sachant qu'il s'agit de remèdes symptomatiques), des bêtabloquants (parmi lesquels le propanol est le plus important). Les antihistaminiques (par exemple l'hydroxyzine, qui peut soulager les symptômes) et les médicaments appartenant au groupe des benzodiazépines (y compris les médicaments tels que l'alprazolam, le clonazépam, le diazépam et le lorazépam). Il existe d'autres traitements scientifiques de l'anxiété : les médicaments antipsychotiques et anxiolytiques, comme la paroxétine.

Chaque médicament indiqué a une action différente selon le groupe auquel il appartient. Par exemple, la paroxétine est un médicament utilisé pour inhiber le recaptage de la sérotonine. C'est pourquoi il est principalement utilisé pour traiter l'anxiété généralisée. Les doses et la durée du traitement sont choisies par le spécialiste, en fonction de la gravité du problème, de l'âge du patient et d'autres facteurs.

Il ne faut pas oublier la possibilité de prévenir l'apparition des troubles anxieux et d'éviter la nécessité d'un traitement pharmacologique. Selon la psychothérapie moderne, l'anxiété peut être contrôlée dès l'apparition des premiers symptômes, mais un niveau élevé de **conscience** du problème est nécessaire. La prévention n'est possible qu'en admettant la présence de problèmes d'anxiété et en prenant des mesures pour les traiter. Grâce à une meilleure sensibilisation, il sera plus facile de reconnaître les différentes situations et circonstances susceptibles de déclencher ce type de trouble.
Pour traiter l'anxiété, il n'existe pas de traitements médicaux n'appartenant pas à la catégorie des thérapies psychologiques ou pharmacologiques, mais il existe des remèdes naturels qui peuvent aider. Le thé calmant à la camomille en est un bon exemple, mais il en existe bien d'autres.

Les remèdes naturels contre l'anxiété

L'anxiété est un trouble aussi vieux que l'humanité elle-même. On ne peut le nier : il existe depuis la nuit des temps, depuis que la peur et la crainte de quelque chose existent. Pourtant, avant cela, il n'existait ni remèdes pharmacologiques pour la traiter ni remèdes psychiatriques. L'anxiété était traitée par d'autres moyens, naturels. Certains lecteurs peuvent croire que les remèdes naturels contre l'anxiété sont préférables aux autres types, mais ce n'est pas le cas. Le fait qu'ils soient naturels et connus depuis de nombreuses années ne les rend pas meilleurs ou plus sûrs pour la santé. Ils représentent simplement une autre catégorie d'"armes" avec lesquelles on peut tenter de dompter le monstre appelé anxiété. La science officielle explique que de tels remèdes ne peuvent jamais constituer une thérapie à part entière. Ils doivent plutôt faire partie de l'ensemble des traitements de l'anxiété, en association avec des remèdes pharmacologiques ou des remèdes psychiatriques pour les cas plus complexes. Bien sûr, il y a des patients qui pourraient objecter, disant que dans leur ville, certaines personnes ont réussi à contrôler leur anxiété et leurs crises de panique grâce à des remèdes naturels et... ils auraient raison ! Les remèdes naturels font partie de la "médecine traditionnelle". Nous parlons de remèdes connus depuis des milliers d'années et très efficaces dans le traitement des problèmes d'anxiété, car il existe un facteur scientifique derrière leur fonctionnement. La médecine traditionnelle elle-même, qu'elle soit française ou d'autres pays, fonctionne parce qu'au fil du temps, les gens ont découvert que les infusions, les boissons, les herbes et autres étaient capables de soulager les malades. Cependant, une approche rationnelle et scientifique est préférable aux remèdes dits "traditionnels". Même si l'on connaît l'efficacité de ces solutions, il vaut mieux suivre un parcours thérapeutique précis, indiqué par une personne ayant suivi des études dans le domaine de la psychothérapie, que de se fier aux herbes d'un médecin "traditionnel", qui manque souvent d'une formation adéquate et peut mettre le patient en danger.

Après avoir posé cette prémisse nécessaire, qui l'est toujours lorsqu'on parle de l'approche "naturelle" du traitement, expliquons maintenant ce que sont les remèdes naturels contre l'anxiété. Il faut préciser d'emblée que tous les remèdes décrits ici ne doivent pas être considérés comme efficaces dans le cadre d'un traitement. Certaines sont illustrées à titre d'information uniquement.

- Parmi les principaux types de remèdes contre l'anxiété figure la **phytothérapie**, c'est-à-dire le traitement par les plantes. Ce n'est un secret pour personne que les herbes contiennent un grand nombre de substances qui peuvent être apaisantes, stimulantes ou autres. Pour le contrôle de l'anxiété et la diminution de ses effets sur le psychisme, il est recommandé d'effectuer la phytothérapie uniquement avec des plantes relaxantes, car elles diminuent le stress et aident les patients à se sentir plus calmes et plus détendus. Il s'agit de plantes telles que la mélisse, l'aubépine, la valériane et, surtout, la passiflore. Avec eux, on prépare des boissons ou des infusions que l'on fait ensuite boire à la personne souffrante. L'utilisation des remèdes de phytothérapie ne présente aucune contre-indication, mais il est nécessaire de ne pas en abuser. Les remèdes phytothérapeutiques contre l'anxiété pourraient être nocifs, surtout s'ils sont pris en trop grande quantité.

Il est conseillé d'éviter ces remèdes avant les événements importants, car ils diminuent le niveau d'attention. Plusieurs médecins s'accordent à dire que l'effet calmant de certaines plantes peut être si prononcé que le sujet devient très inattentif lorsqu'il voyage sur l'autoroute. En revanche, la phytothérapie est parfaite si elle est effectuée avant d'aller se coucher ou à un moment calme de la journée. Il suffit de préparer un thé à partir des herbes indiquées et de le boire.

Les préférées sont les plantes italiennes, en particulier les herbes aromatiques, qui sont utiles pour atténuer les symptômes des troubles anxieux, mais il existe aussi des remèdes naturels étrangers. En France, on peut trouver des compléments anxiolytiques à base de Kava Kava, connu sous son nom scientifique *Piper methyscum.* Nous parlons d'une plante qui vient des îles de l'océan Pacifique. Il a plusieurs effets : il favorise le sommeil, calme les nerfs, soulage la douleur, combat la dépression et le stress, et améliore la concentration. Malheureusement, dans notre pays, il est principalement vendu sous forme de compléments alimentaires.

Le millepertuis, *Hypericum perforatum*, est une autre affaire. Ce dernier contient de fortes doses d'hypéricine, une substance utilisée dans les médicaments antidépresseurs. Le millepertuis peut être pris de différentes manières : en complément, en infusion ou en comprimés (il s'agit alors d'un remède pharmacologique), de préférence sous les conseils d'un thérapeute.

Parmi les compléments naturels les plus populaires et les plus efficaces pour contrôler l'anxiété figurent les fleurs de Bach, dont les pétales contiennent des substances bénéfiques. Grâce aux extraits aqueux obtenus à partir des pétales, une solution est préparée et ensuite prise par le patient : il suffit de consommer 4 gouttes quatre fois par jour pour ressentir moins de peur, éloigner la dépression et être plus calme.

Sans oublier le *Griffonia simplicifolia*, originaire d'Afrique, qui contient une substance appelée 5-hydroxytryptophane, précurseur de la sérotonine. Les possibilités d'admission sont très différentes.

En fait, ce ne sont là que quelques-unes des plantes qui peuvent être utilisées avec succès en phytothérapie pour le traitement des troubles anxieux. Il existe tant de remèdes phytothérapeutiques naturels dans le monde qu'une encyclopédie ne suffirait pas à les inclure tous. Si vous voulez combattre votre anxiété avec des remèdes naturels, essayez d'abord d'en parler à votre médecin. Il évaluera la situation et pourra éventuellement prescrire une phytothérapie basée sur l'action bénéfique des plantes ou opter pour un traitement plus classique.

Comme vous pouvez le constater, la phytothérapie n'est pas le seul remède naturel contre l'anxiété et les crises de panique.

- D'autres types de thérapies peuvent être utilisés pour combattre l'anxiété, dont **l'oligothérapie** : traitement par l'administration de minéraux. Il faut préciser tout de suite que l'aide des plantes est connue depuis des années et a un mécanisme étudié scientifiquement. L'utilisation des minéraux est également connue depuis des millénaires, mais aujourd'hui encore, les preuves scientifiques de certaines de ses utilisations font défaut. Par exemple, il existe un certain scepticisme à l'égard des pratiques qui visent à placer des minéraux sur le corps d'une personne afin que les pierres puissent "éliminer l'anxiété" des pensées du sujet par une "influence bénéfique". Par conséquent, nous n'illustrerons pas ces procédures. Concentrons-nous plutôt sur l'administration orale de la poudre des minéraux les plus connus et les plus utiles, tels que le cobalt et le manganèse. Leur extrait est mélangé à la nourriture, puis ingéré. Selon le minéral choisi, le nombre de prises change, mais en général, une prise par jour pendant environ trois semaines est suffisante. Ensuite, les doses peuvent être diminuées ou augmentées en fonction de l'efficacité du traitement.

Dans la plupart des cas, le nombre de prises est réduit à environ 2 ou 3 par semaine. La quantité exacte dépend des besoins de l'individu et, bien sûr, il ne faut pas exagérer avec la concentration ingérée afin de ne pas courir de risques avec le système digestif. Le manganèse et le cobalt ne peuvent pas être complétés l'un par l'autre, mais, pris individuellement, ils peuvent être utilisés en combinaison avec le magnésium.

Si l'on souhaite suivre la voie de l'oligothérapie, il est préférable de demander conseil à un spécialiste qui pourra indiquer les remèdes les plus sûrs.

- La **gemmothérapie** est similaire à l'oligothérapie. Comme son nom l'indique, elle est basée sur l'administration de germes ou de bourgeons. Elle est donc considérée comme une branche de la phytothérapie, mais elle fait encore l'objet de plusieurs discussions et est parfois reconnue comme une thérapie à part entière. Pour le traitement de l'anxiété, on préfère les bourgeons du tilleul et du figuier. Elles subissent un processus de macération et sont ensuite utilisées dans la préparation de certaines substances appelées "gemmodérivés" : elles constituent le remède naturel de la gemmothérapie contre l'anxiété. La durée du traitement, ainsi que le nombre de prises, sont des facteurs variables en fonction de la situation, mais selon les écoles de pensée, on estime qu'il faut prendre environ 30 à 50 gouttes du gemmodérivé à chaque fois. L'inconvénient de cette méthode est son coût. Les pierres précieuses sont plus chères que la poudre minérale ou les herbes, et la supériorité de leur efficacité n'a pas été prouvée.

- Enfin, parmi les remèdes naturels contre l'anxiété, se distingue la célèbre **aromathérapie**, la cure par les arômes. Elle est basée sur l'inhalation, mais il est parfois préférable que la substance neurosédative soit absorbée par la peau ou par voie orale. L'aromathérapie consiste à créer des huiles essentielles à fort pouvoir calmant. C'est pourquoi on utilise des herbes comme la lavande, la mélisse, la camomille ou l'orange amère. Des substances auxiliaires sont ajoutées aux huiles pour intensifier l'effet, diminuer l'odeur ou modifier l'action sur les muqueuses. Dans la plupart des cas, il est préférable de ne rien ajouter aux huiles essentielles.

Les aromathérapeutes ne sont pas des médecins et les vrais spécialistes en la matière n'indiqueraient guère cette méthode pour combattre l'anxiété. Néanmoins, l'aromathérapie présente des avantages qu'il ne faut pas négliger. À titre d'exemple, l'effet calmant des huiles de camomille ou de lavande est très évident. L'action se déroule rapidement, mais les résultats ne durent que peu de temps. Pour s'adonner à la pratique de l'aromathérapie, il faut connaître les bons dosages et acheter les huiles essentielles dans un magasin spécialisé. En outre, les personnes intéressées doivent savoir comment préparer l'huile de manière à pouvoir respirer ses vapeurs bénéfiques.

L'aromathérapie n'est pas sans risque et certaines huiles essentielles peuvent présenter des contre-indications, comme des réactions allergiques des muqueuses ou des irritations cutanées. Les médecins déconseillent l'utilisation de l'aromathérapie si le patient suit déjà un traitement médicamenteux ou s'il souffre d'autres maladies qui pourraient compliquer son état.

La psychanalise et la psychoterapie des troubles d'anxieté

L'approche du traitement de l'anxiété par la psychanalyse n'est pas du tout différente de celle de la psychothérapie. Bien au contraire, à plusieurs reprises, les techniques de la psychanalyse sont utilisées en combinaison avec celles de la psychothérapie, ce qui donne lieu à un traitement qui combine diverses philosophies d'approche et différentes techniques. Néanmoins, il ne faut pas confondre l'approche psychothérapeutique avec l'approche psychanalytique. Il s'agit de deux types de thérapie différents. La thérapie psychanalytique est connue sous le nom de thérapie psychodynamique. Il s'agit d'une approche basée sur la méthode de la psychanalyse. L'attention est portée sur la recherche de la racine du problème. Contrairement à la psychothérapie (avec ses thérapies cognitives), la psychanalyse représente une thérapie globale. Les autres sont principalement fondées sur une focalisation sur le symptôme. La psychanalyse dans les troubles anxieux tente d'explorer davantage les désirs et les besoins du patient, alors que la psychothérapie sert principalement à traiter les symptômes du patient. Il existe des différences majeures entre les deux thérapies en termes de techniques et d'objectifs, ainsi que d'approche de base. La psychanalyse cherche à explorer davantage l'inconscient du patient, car la base de la théorie psychanalytique est la pensée que divers comportements proviennent de l'inconscient. Tout problème trouve son origine dans une cause : le principal problème réside dans le fait que cette cause n'est souvent pas visible. C'est pourquoi les professionnels qui adoptent une thérapie purement psychanalytique ou une combinaison de psychothérapie et de psychanalyse, en essayant d'explorer l'enfance du patient, tentent d'identifier les différents événements qui ont pu influencer le développement de sa personnalité. Dans certains cas, on essaie même de faire revivre au patient des situations qu'il a vécues dans son passé. On pense, en effet, qu'il s'agit de souvenirs qui ont été retirés de l'esprit conscient de l'individu, mais qui pourraient l'influencer à partir de l'inconscient. En ramenant ces événements dans l'esprit conscient, la véritable racine du problème peut être identifiée. L'approche psychanalytique est plus recommandée en cas d'indécision sur la nature du problème. Grâce aux outils offerts par ce type de thérapie, une analyse des problèmes et des différents sentiments inconscients est effectuée, en se rappelant que faire appel à l'inconscient du sujet n'est jamais simple. Une phase d'analyse de la partie inconsciente doit être réalisée. Ce travail est directement lié à celui de la reconstitution. Les lapsus, les associations libres, les blagues, mais aussi les rêves et les idées de l'imagination sont examinés. Dans une large mesure, les sentiments et les émotions sont examinés. Une tentative est faite pour explorer pleinement les sentiments qui pourraient être perturbants ou négatifs. Le moindre détail concernant le comportement du patient peut revêtir une grande importance au cours de la thérapie psychanalytique. La relation entre le psychanalyste et le patient est toujours interpersonnelle et est analysée par le praticien, car elle peut contenir certains détails utiles au diagnostic. Sans oublier les fantasmes du patient, de quelque nature qu'ils soient. L'expert peut demander que tous les fantasmes soient exprimés, en donnant plus de poids aux fantasmes sexuels. En général, cependant, pendant les séances, le sujet est encouragé à parler librement de ce qui le préoccupe : peurs, rêves, idées, fantasmes, désirs et autres. Le matériel ainsi recueilli représente une riche source d'informations utiles pour comprendre la nature du problème.

Les séances de psychanalyse sont, dans la plupart des cas, des séances classiques, mais ces derniers temps, les experts ont essayé d'innover les séances de psychanalyse en y apportant des éléments personnalisés. Selon le médecin auquel on s'adresse, non seulement les modalités, mais aussi le calendrier peuvent changer. En général, le patient est invité à s'allonger confortablement sur un canapé et à se détendre. Le psychanalyste reste "caché", derrière le patient. À ce moment-là, le patient est invité à s'exprimer et à faire part de ses préoccupations. En prêtant une attention particulière aux fantasmes, aux souvenirs et aux pensées, il doit laisser sa conscience s'écouler. Plus il sera sincère et authentique dans l'explication de ses émotions, meilleurs seront les résultats de la psychanalyse.

Avec les dernières tendances de la psychanalyse, le patient peut s'asseoir en face du praticien au lieu de s'allonger dos à lui. Ces séances peuvent être utiles à l'individu pour développer une plus grande conscience des différents aspects de sa personnalité. D'une certaine manière, la psychanalyse aide à rationaliser les aspects de la vie du patient qui étaient auparavant caractérisés uniquement par un pur instinct. Ici, comme en psychothérapie, le praticien guide le patient vers une analyse complète de ses conflits et des différents événements significatifs qui ont marqué son passé. La personne qui en souffre devient capable de relier les diverses expériences de sa vie aux problèmes d'anxiété.

En cas de succès de la thérapie psychanalytique, non seulement les symptômes des troubles anxieux seraient atténués, mais il serait également possible de les contrôler. Dans divers cas, le développement de ressources latentes chez l'individu a été signalé : talents "enfouis", connaissances oubliées, etc. Une plus grande connaissance et une meilleure conscience de soi peuvent être atteintes. Le patient, qui était auparavant affecté par divers problèmes liés à l'anxiété, prend davantage le contrôle de ses sentiments, émotions et croyances après une thérapie psychanalytique.

La respiration et la relaxation pour vaincre l'anxiété

De nombreuses techniques pour combattre l'anxiété par la respiration et la relaxation ont déjà été illustrées dans les pages de ce livre. Néanmoins, il se peut que l'on ne sache pas exactement ce qu'il faut faire pour préparer leur exécution et, en général, quelles mesures doivent être prises avant de réaliser les exercices illustrés. Dans leur hâte de vaincre l'anxiété, les patients oublient l'essentiel : on ne peut pas avoir de l'anxiété pour vaincre l'anxiété. En bref, la précipitation ne sert certainement à rien. Pour faire les exercices de respiration et pouvoir pratiquer la relaxation, il faut oublier les types de tension possibles. Peu importe ce qui peut entraver l'exécution de la relaxation et de la respiration : chaque obstacle, même le plus petit, peut rendre difficile l'exécution des différentes techniques. Comment se débarrasser de toute angoisse de performance et se consacrer à la respiration ? Comment atténuer la tension qui peut surgir lorsqu'on se consacre à quelque chose de différent de l'ordinaire ? Précisons tout de suite que cela peut être difficile, surtout dans le cas des personnes qui souffrent d'anxiété depuis trop longtemps et qui sont impatientes de résoudre leurs malaises. Toutefois, avec un peu de pratique et en essayant de prêter une attention particulière aux détails qui, à première vue, peuvent sembler les moins pertinents, on peut atteindre l'objectif plus rapidement.

Vous trouverez ci-dessous une courte procédure guidée, pour combattre l'anxiété par la respiration et la relaxation.

1) Choisissez les jours et l'heure. Comme nous l'avons déjà mentionné dans les paragraphes où nous avons parlé des exercices de respiration, ce sont des pratiques qui doivent être pratiquées en permanence. Il ne suffit pas de faire quelques exercices pour se détendre et de pratiquer quelques techniques de respiration pour combattre l'anxiété. Une approche continue et sérieuse est nécessaire. C'est pourquoi il est conseillé, tout d'abord, de choisir les jours où l'on fera les exercices de respiration : les psychiatres s'accordent à dire qu'il faut pratiquer au moins une fois tous les deux jours. Il n'y a pas de critères pour choisir les jours. L'important sera de respecter le calendrier sans "sauter" quelques jours en raison d'oublis divers et d'essayer ensuite de rattraper ce qui a été manqué un jour. Il y a une autre nécessité : choisir un créneau horaire précis et n'effectuer la pratique de la respiration et de la relaxation qu'au même moment. De cette façon, l'organisme s'habitue à la pratique des exercices et, inversement, l'efficacité des exercices augmente. Les horaires du soir sont préférés, mais en général, il n'y a pas d'indications particulières quant au choix. C'est au patient de porter son attention sur un créneau horaire et de s'y tenir.

2) Buvez un verre d'eau avant la séance. Beaucoup le savent déjà : l'eau aide à calmer et à détendre les nerfs. Par conséquent, lorsque des pratiques de respiration et de relaxation sont mises en œuvre dans le cabinet d'un psychiatre, un verre d'eau est toujours présent pour être donné au patient s'il en a besoin. Plusieurs praticiens de la psychothérapie recommandent d'en boire avant chaque séance pour évacuer le stress. Bien sûr, il ne faut pas en abuser : le besoin de boire de l'eau ne doit pas devenir une nuisance. Et, si l'on est encore anxieux après la pratique, on peut en boire encore à la fin de la séance.

3) Éliminer le bruit. Pour bien se détendre et se concentrer sur la pratique des exercices de respiration, il peut être tout à fait pertinent de pouvoir s'isoler complètement du monde. Il faut admettre que cette nécessité dépend dans une large mesure des caractéristiques de chaque sujet. Certains patients peuvent très bien se concentrer en présence de bruits gênants, tandis que d'autres ont besoin d'un calme total. Le conseil de base est d'éteindre le smartphone et les autres appareils qui pourraient déranger. Dans certains cas, il peut même être nécessaire d'éteindre les montres, dont le tic-tac peut entraîner des problèmes de concentration du patient. Ce n'est qu'alors, avec la fenêtre et la porte fermées, dans une atmosphère de silence, que l'on peut avancer.

4) Il faut maintenant s'allonger ou s'asseoir confortablement. En fonction de la technique de respiration que vous souhaitez mettre en œuvre, vous devez trouver une position suffisamment confortable. On peut s'asseoir/se coucher sur un canapé, sur un lit ou dans un fauteuil. La seule exigence est que la surface sur laquelle vous vous asseyez ou vous allongez soit douce. Il sera ainsi plus facile de se concentrer sur l'exécution des techniques de respiration. Sur une surface dure, il est plus difficile de se concentrer.

5) Effectuez maintenant l'exercice, en essayant de vous en tenir à la description pour ne pas vous tromper dans l'approche.

6) A la fin de la pratique, évaluez le résultat. L'objectif a-t-il été atteint ou non ? Si le résultat est négatif, quelle en est la raison ? Quel était l'obstacle qui empêchait la tension d'être éliminée du corps ? Ce sont des notions sur lesquelles on peut se concentrer davantage lors des pratiques ultérieures, afin d'obtenir progressivement de meilleurs résultats.

7) Buvez un peu d'eau et pensez à autre chose pour conclure la séance de respiration et de relaxation.

Remarque : dans certains cas, il est conseillé aux patients de tenir un journal dans lequel ils notent leurs sentiments et/ou leurs problèmes liés à la pratique de la relaxation et de la respiration. Il s'agit d'une mesure facultative, bien qu'elle ait une connotation positive. C'est au patient lui-même de décider s'il tient effectivement un journal afin de vérifier ses progrès et de ne pas oublier ses réalisations. Il est conseillé de parler à son psychiatre pour lui expliquer le déroulement des séances.

Des manifestations soudaines des crises d'anxiété ? Voici comment les affronter

On peut être bien préparé à gérer l'anxiété, en devenant un véritable expert de la maîtrise de soi. Pourtant, dans la routine quotidienne, des situations imprévisibles peuvent survenir et déclencher une étincelle. Nous parlons de ces situations dans lesquelles toute retenue échoue ; des situations de panique, liées à des problèmes que nous ne pouvions pas rationaliser auparavant. Ce sont souvent des facteurs qui provoquent chez nous une peur instinctive et primitive. Il faut évidemment savoir y réagir de la manière la plus rationnelle possible, en essayant de mettre en échec ses propres sentiments : il faut constamment s'autoréguler. Pourtant, en sachant comment éviter le problème, on n'y parvient pas toujours. À l'origine de ces difficultés se trouvent de nombreux détails qui ne sont pas sans importance : l'imprévisibilité, la peur de l'inconnu, la conscience de notre incapacité à tout contrôler. Il faut bien comprendre que, même avec un entraînement poussé, on peut rester très sensible à toute une série de facteurs déclenchants sur lesquels on n'a pas suffisamment travaillé. Un exemple typique de ce qui est illustré dans les lignes ci-dessus est lié à la situation provoquée par le virus Covid-19. Aujourd'hui déjà, dans la pratique de la psychothérapie, il y a de nombreux patients qui, bien qu'ils aient réussi à surmonter leur anxiété, se sont retrouvés non préparés à la peur provoquée par une nouvelle maladie. Une peur qui, dans un certain sens, a fait tomber les protections et les différents murs de défense que la personne avait construits au préalable. Une terreur, celle du virus inconnu, qui a évité les mécanismes destinés à sauvegarder notre psyché. Et ce n'est pas un hasard si, face à ce danger, beaucoup de gens sont restés inactifs, paralysés devant quelque chose d'inconnu.

La vraie question est la suivante : comment réagir face à des situations imprévisibles et soudaines qui peuvent déclencher l'anxiété ? Où trouver la force de ne pas rester complètement à la merci du problème, mais de le surmonter de manière à ne pas perdre son bien-être physique et mental ? Existe-t-il des techniques ? Et les secrets ? La réalité est intuitive à comprendre : face à quelque chose d'imprévisible et de soudain, nous avons une grande peur jusqu'à ce que nous essayions de la rationaliser. Nous devons être bons dans ce domaine, en essayant de déconstruire le problème en l'examinant d'un point de vue détaillé. Pour donner un exemple, on peut considérer le virus lui-même. Dans ce cas (comme dans les autres), il faut prendre la situation en main et répondre à quelques questions de base. Le virus est-il dangereux ? Que puis-je faire pour l'éviter ? Quelles mesures dois-je prendre si je tombe malade ? Suis-je prêt à faire face aux différents problèmes que le virus peut causer ? Que dois-je faire si quelqu'un que je connais tombe malade ? Que peut-on faire pour prévenir l'infection ? Il faut comprendre le problème de manière plus approfondie. La question de base est aussi simple que banale : plus vous **rationalisez** le facteur à l'origine de votre anxiété, mieux vous serez en mesure de réagir à la situation créée. Parce que la bonne façon de trouver une solution au problème est le raisonnement, l'esprit, alors que le chemin le plus court vers l'échec est l'instinct. Au moment où l'anxiété se déclenche, il ne faut jamais se laisser guider par la peur. "Connaissez l'Aude !" disaient les anciens, et ils avaient raison. Ceci est particulièrement évident lorsque l'on éprouve le besoin de rationaliser la situation au moment du danger.

Lorsque survient une situation imprévue, il est recommandé de procéder comme suit :

- respirez régulièrement pour vous calmer ;
- comptez jusqu'à 10 ;
- réfléchir au problème, chercher la cause, la solution et comment s'en sortir indemne ;
- rationaliser le problème, en essayant de comprendre s'il est vraiment aussi dangereux qu'il le semble à première vue ou si c'est le subconscient qui joue des tours.
- Pour le rationaliser, il est recommandé de le décomposer en fragments ou en détail. Ainsi, il sera plus facile de le comprendre. Car s'il peut nous

sembler qu'il s'agit d'un danger immense, la procédure de décomposition du facteur anxiété nous permettra de comprendre qu'il n'en est rien. Et ce n'est pas tout : en nous concentrant sur des facteurs plus petits, nous aurons plus de chances de comprendre le problème sans devoir faire d'effort et sans nous laisser conquérir par la peur primordiale.

- Enfin, il faut être conscient de ses émotions. Le contrôle implique la conscience. Et tandis que nous essayons de rationaliser le problème pour y réagir sans tomber dans l'abîme de l'anxiété, nous devons comprendre si nous pouvons contrôler nos émotions ou non et comprendre si ce que nous faisons donne des résultats ou si c'est une pratique qui ne sert à rien.

Si vous n'arrivez pas à contrôler votre stress et votre anxiété face à des situations imprévisibles, ne vous inquiétez pas. Comme déjà mentionné, il s'agit d'un mécanisme normal de notre psychisme, le fameux *Fight or Flight*, lutte ou fuite. Certaines personnes préfèrent se battre, d'autres fuir. Il n'y a pas de différence substantielle, sauf que l'option de vol est celle qui donne les meilleures chances de survie. Certains individus pensent que, tant qu'ils n'ont pas réussi à dompter leurs émotions face à une situation de grand danger et de gravité, ils sont en quelque sorte moins bien lotis que les individus qui ont réussi. De toute évidence, il s'agit d'un raisonnement erroné à la base. Personne n'est meilleur qu'un autre : nous sommes tous humains.

L'essentiel est d'être capable de rationaliser la situation par la suite. Une fois de retour chez soi, apparemment en sécurité, il est bon d'essayer de déconstruire la situation. Il faut se créer, au moins mentalement, un guide étape par étape pour pouvoir réagir de manière appropriée à la situation si elle se produit à l'avenir. Paniqués et inconscients, les patients sont désorientés et oublient qu'ils doivent agir intelligemment. Une fois que l'anxiété disparaît et que le niveau de stress baisse, la pensée habituelle qui vient à l'esprit est la suivante : "J'ai fait quelque chose de stupide, mais j'aurais pu agir autrement". Une erreur est une erreur ; vous ne pouvez pas revenir en arrière et ne pas la commettre. Au contraire, il est possible d'éviter de commettre le même type d'erreur à l'avenir : il suffit de faire un effort pour comprendre quel est le problème. Demandez-vous ce qui a été mal fait. Plus on y pense, plus on a de chances d'agir intelligemment si le danger en question se reproduit. On sera préparé à y réagir. Pour augmenter ses chances, il est conseillé d'imaginer la situation dans son esprit. Réaliser une sorte d'exposition contrôlée au facteur d'anxiété. Bien sûr, dit comme ça, cela peut paraître anodin, mais dès que l'on est confronté à ses plus grandes peurs, on est "nu". Et dans cet état, il faut trouver la force mentale pour se calmer et réagir.

Quelques cas spécifiques et témoignages

On ne peut jamais vraiment comprendre l'efficacité d'une thérapie sans examiner les différents **témoignages** de personnes qui ont réussi à résoudre leurs problèmes. C'est particulièrement vrai dans le cas de l'anxiété et des troubles connexes. Connaître d'autres personnes qui ont réussi à surmonter l'anxiété apporte un grand optimisme. Un souffle de positivité, pour ainsi dire. Et, heureusement, le monde regorge d'individus qui, après un combat plus ou moins long, ont réussi à apprivoiser l'anxiété au final.

Parmi les meilleurs témoignages, citons celui de Luca Tateo, un homme qui souffrait non seulement de troubles anxieux, mais aussi de crises de panique et même de dépression. Des problèmes qui semblaient surgir de nulle part, alors que Luca était assis sur le canapé de sa maison. Un sentiment d'anxiété, le sien, qui se manifeste apparemment sans raison précise. Un problème qui s'est aggravé rapidement, présentant des symptômes tels que des vertiges, des nausées et une tachycardie. Des désagréments qui ont fait naître d'autres craintes, à tel point qu'à un moment donné, Luca ne pouvait même plus sortir de chez lui et a dû abandonner l'université. Le "ver" de l'anxiété avait fait mouche, obligeant Luca à ne pas manger suffisamment, à dormir avec d'autres et même à avoir peur de rire. Un état qui n'a pas tardé à aggraver son existence, au point qu'il a même envisagé le suicide. Et peut-être cela se serait-il terminé ainsi si Luca n'avait pas trouvé le courage de combattre son anxiété par la lecture et la psychothérapie. Un processus de réhabilitation qui a duré de nombreux mois et a nécessité beaucoup d'argent, de temps et d'énergie, mais qui lui a finalement permis de triompher. "Ce n'était pas facile", admet Luca, "mais j'ai gagné. Chacun de nous peut le faire... mais il faut se battre.

Parfois, l'anxiété touche aussi les psychologues. C'est le cas de Caterina Pettinato, qui a réussi à obtenir un diplôme de psychologie à l'âge de 23 ans, pour ensuite tomber, lentement, dans le tunnel sombre de l'anxiété. Ses crisess étaient très fortes, à tel point qu'elle a dû être hospitalisée. Elle est sortie du tunnel au moment où elle a eu le courage de prendre une décision : combattre son anxiété avec tous les outils disponibles. Avec l'aide d'un bon psychiatre, Catherine a commencé à voir la lumière là où il n'y avait que l'obscurité auparavant. Avec le temps, elle a pu recommencer à manger et à ne pas vomir. Elle a eu l'occasion d'observer sa situation d'un point de vue différent que d'habitude. Cela ne serait pas arrivé si elle n'avait pas été assez forte pour prendre les rênes de la situation en main en transformant son anxiété en une large gamme d'émotions utiles. Aujourd'hui, elle travaille même avec d'autres personnes touchées par le même problème, en essayant de les aider à transformer leur vie et à retrouver la positivité de l'existence.

Un autre cas frappant d'un individu qui a non seulement réussi à surmonter l'anxiété, mais à en faire une victoire personnelle est celui d'Andrea Monti. Il était persuadé que l'anxiété était l'un de ces problèmes qui ne l'affecteraient ou ne le toucheraient jamais. Il était dur, sûr de lui, psychologiquement stable et fort. Pourtant, un jour, il a commencé à avoir peur de tout, manifestant divers symptômes physiques de cette peur. Un long calvaire qui a commencé par un vulgaire nœud dans sa gorge qui ne lui permettait pas d'avaler. Sans compter d'autres problèmes : extrasystoles, palpitations cardiaques et douleurs musculaires. Dans son cas, la peur classique de ressentir la peur a commencé à se manifester, ce qui l'a conduit à se refermer sur lui-même, à fuir les situations apparemment anodines pendant assez longtemps, ce qui a créé un vide total autour de lui. Il a commencé à se désintéresser des choses qu'il aimait le plus, adoptant une vision de plus en plus grise de l'existence, comme peinte par son angoisse. Les symptômes de sa pathologie ont commencé à montrer divers signes d'aggravation. Jour après jour, ses peurs l'entraînaient dans un puits sans fond. Seules les visites chez un psychiatre ont pu lui apporter un soulagement, augmentant ainsi sa recherche d'une solution à ses problèmes. Dans son cas, la décision ferme de changer a été cruciale. Sans ce choix, il n'aurait jamais pu gagner et il est un exemple frappant de la façon dont la victoire ou la défaite ne dépend que de nous-mêmes.

Même les célébrités sont touchées par les troubles de l'anxiété. L'histoire de Carlo Verdone, par exemple, est frappante. Autrefois extrêmement craintif (il avait la phobie de l'avion) et avec une anxiété constante qui limitait sa vie et l'empêchait de travailler sereinement, Carlo a décidé avec le temps de contrôler la situation. Comme d'autres, il a eu besoin de l'aide d'un expert et, de l'aveu même de Carlo, ce ne fut pas un parcours facile, mais un chemin de croix de séances et de traitements qui ont duré longtemps. Et pourtant, grâce à la volonté et au courage qui ne l'ont jamais fait cesser de se battre, Carlo Verdone a réussi à atteindre son objectif en vainquant l'anxiété une fois pour toutes. Une victoire personnelle qui lui a donné la possibilité de voler en avion sans aucun problème.

Sans oublier le cas de Claude, 35 ans, qui, en raison de son anxiété et de ses fréquentes crises de panique, ne pouvait pas quitter les murs de sa maison. Un problème qui l'a surpris soudainement, sans cause visible, alors qu'il dînait avec sa famille. À partir de ce moment-là, les crises d'angoisse ont commencé à se reproduire fréquemment, de manière cyclique. Au départ, même les psychiatres ne pouvaient pas comprendre ce qui se passait et d'où venait son anxiété. Il a fallu une enquête approfondie pour pouvoir localiser la source du problème, y travailler et, avec le temps, diminuer d'abord le nombre de crises de panique, puis vaincre l'anxiété.

Un cas similaire est celui de Frédérique, une danseuse qui a commencé à souffrir de maladies liées à l'anxiété alors qu'elle était... en train de se détendre sur la plage. Avec l'aide d'un psychiatre, elle a pu découvrir que son anxiété était due à ses propres attentes de devenir danseuse, ainsi qu'à l'absence presque totale d'une vie sexuelle complète et satisfaisante. Son voyage a été long, mais riche en découvertes. Ce qui lui a permis de devenir encore plus forte qu'avant, de gagner en confiance et en connaissance de soi. Avec l'aide d'un professionnel, ainsi qu'avec ses propres recherches constantes, Federica a surmonté son anxiété pour devenir une danseuse professionnelle, capable d'enrichir son art de détails et d'éléments qu'elle ignorait auparavant.

Dans plusieurs cas, l'anxiété a donné lieu à une plus grande créativité, offrant aux artistes la possibilité de raconter leurs histoires de diverses manières, tout en en souffrant. Parlons de l'histoire de Nick Seluk, un dessinateur qui a été frappé par l'anxiété et plus tard par la dépression. Ressentant d'abord un vide intérieur, Nick a abandonné son métier, cachant son crayon et ses papiers au fond d'un placard. C'est une période qu'il décrit lui-même comme "sombre" et "sans vie". C'est en entendant une histoire similaire à la sienne, celle de Sarah Flanigan (souffrant également d'anxiété et de dépression), que Nick a décidé de revenir sur le devant de la scène. Ce ne fut pas facile, il faut le dire, un parcours psychologique complexe composé de nombreuses séances de psychothérapie. En fin de compte, il a réussi non seulement à éliminer l'anxiété, mais aussi à apporter à ses bandes dessinées une note de profondeur qui leur faisait défaut auparavant. Et ce n'est pas tout : Nick est aujourd'hui un dessinateur qui a déjà produit une série de bandes dessinées intitulée Medical Tales Retold. Dans ses dessins, il parvient à expliquer ce que ressentent les personnes souffrant d'anxiété en décrivant leurs incertitudes, leur vide intérieur et les émotions grises qu'elles éprouvent.

Ce ne sont là que quelques exemples : les personnes qui parviennent à maîtriser l'anxiété et les crises de panique sont, en fait, très nombreuses. Chaque année, des psychiatres français et étrangers mettent en œuvre de nouvelles approches et de nouveaux traitements, dont l'objectif n'est qu'un seul : soulager les personnes souffrant d'anxiété. Et bien que cela ne soit pas facile, avec de la volonté et une tendance à la maîtrise de soi, il devient possible d'atteindre ces objectifs qui, à première vue, semblent inatteignables. Ce qu'il faut, c'est croire en soi et en ses propres forces. Il ne faut jamais se décourager ou penser à la défaite. L'anxiété est certainement un problème sérieux, mais avec l'aide de connaissances spécialisées, elle peut être contrôlée.

Comment transformer ce problème en une victoire personnelle

En général, les patients qui parviennent à surmonter leur anxiété parlent d'une victoire personnelle. Carlo Verdone, par exemple, a déclaré qu'il faut savoir la canaliser : elle peut ainsi devenir une sorte de moteur supplémentaire. Vous ne souffrez plus et, en même temps, vous pouvez utiliser cette émotion pour obtenir de meilleurs résultats dans différents domaines. Elle n'est plus un monstre à apprivoiser, mais un outil entre vos mains. La défaite de l'anxiété permet de se sentir plus fort ; la victoire apporte de la positivité et rend plus confiant dans ses actions. Si auparavant vous étiez peu sûr de vous et aviez même souvent peur de la vie, en vainquant l'anxiété, vous pouvez devenir maître de vos émotions. La capacité à contrôler l'anxiété est non seulement cruciale par rapport aux problèmes liés à l'anxiété elle-même, mais aussi pour réussir à l'université, dans le sport ou au travail. Ceux qui ont réussi se sentent encore plus forts qu'avant et sont capables de mieux réussir leur carrière professionnelle. "Ce qui ne te tue pas te renforce" disait un philosophe allemand et il avait raison. L'anxiété en est un excellent exemple et, en parvenant à la maîtriser, on peut améliorer sa vie de bien des façons. Toute victoire est une victoire personnelle, mais celle sur l'anxiété a une saveur particulière : c'est une victoire contre soi-même.

Et pourtant... comment transformer l'anxiété en une victoire personnelle ? C'est une question à laquelle il est souvent difficile de répondre. Tout dépend de la personne elle-même. Certaines personnes peuvent désespérer, tomber et ne pas se relever. D'autres pourraient se rendre compte que la présence de troubles anxieux est une opportunité. Un obstacle qui, s'il est surmonté, permet d'améliorer la stabilité psychologique d'une personne. Afin de transformer les résultats de la thérapie des troubles anxieux en une victoire personnelle et non en un désastre total, des conseils simples doivent être suivis. Ils vous aideront pendant le "voyage" du changement et vous donneront la chance de renaître. Il s'agit des suivants :

- Il faut accepter le malaise que l'on a. Plusieurs personnes décident d'ignorer l'anxiété ou de ne pas l'accepter. Tant que l'on n'est pas pleinement conscient de l'inconfort et des problèmes que cela peut entraîner, on ne demandera même pas d'aide et on n'entamera aucune thérapie. On restera plongé dans une boucle constante et continue de pensées négatives auxquelles on ajoutera des justifications du type "je ne veux pas", "je ne peux pas", "ça va passer tout seul". Une fois que l'on accepte le problème et que l'on réalise ce que cela représente... il faut se battre ! Ignorer la gêne en essayant de faire comme si elle n'existait pas n'a jamais aidé personne. En revanche, si vous faites un effort pour contrôler ce "lion" intérieur, vous obtiendrez de bons résultats.
- N'oubliez jamais d'écouter l'anxiété. Oui, écoutez-la vraiment. Parce que c'est la seule façon de la connaître, de la comprendre et de la percevoir. Comme nous l'avons déjà écrit à plusieurs reprises dans les pages de ce livre, la première étape pour vaincre l'anxiété est de la connaître à fond. Et pour le savoir, il faut être capable de

le percevoir, car c'est un problème qui peut se manifester très différemment d'une personne à l'autre.

- Si des pensées négatives dans la tête sont provoquées par l'anxiété elle-même, cela vaut la peine de l'analyser en profondeur. Et peut-être, à ce moment-là, pourra-t-on même découvrir quelle est sa racine. Les vraies causes de l'anxiété ne sont jamais à la surface... au contraire ! Elles se cachent toujours sous diverses couches de pensées, d'idées, d'événements, de souvenirs, d'insatisfactions ou de rêves. L'anxiété n'est rien d'autre qu'un appel au secours, mais il faut savoir l'interpréter.
- Et, bien sûr, pour pouvoir contrôler l'anxiété et la transformer afin qu'elle devienne une victoire personnelle, il faut agir. Il ne sert à rien de penser, d'écouter ou d'analyser. L'action mène à la victoire. L'idée de s'adresser à un spécialiste est certainement la meilleure. Inutile de le nier ou de penser autrement : on ne peut penser dompter un monstre sans le soutien de ceux qui savent le faire. Certaines personnes peuvent penser le contraire, se croyant prêtes et suffisamment douées pour le faire par elles-mêmes, mais dans la plupart des cas, ce sont des illusions futiles. Des illusions qui, de surcroît, sont dangereuses, car elles pourraient entraîner des résultats imprévisibles et néfastes pour le corps.

Il existe cependant des choses que le patient peut faire par lui-même. Par exemple, il pourrait effectuer des activités différentes de celles qu'il pratique habituellement. À la base de ce comportement se trouve une règle assez banale : si les situations habituelles provoquent de l'anxiété, alors pourquoi ne pas expérimenter des situations inhabituelles ? La psyché humaine est assez polyvalente et, face à de nouveaux stimuli, elle peut réagir positivement, devenant ainsi un outil permettant de contrôler l'anxiété. Plusieurs patients qui décident de modifier leurs habitudes ou de faire des changements commencent à ressentir des sensations plus positives et plus heureuses. Une attention particulière doit être accordée aux pensées qui entraînent des sentiments qui ne sont pas utiles au contrôle de l'anxiété. Dans ces cas, il est possible d'envisager de changer la façon dont on pense à une certaine chose. Une suggestion qui, à long terme, peut même contribuer à améliorer la vie en général et pas seulement à contrôler l'anxiété.

Après tout, ceux qui parviennent à surmonter cet obstacle s'accordent à dire que c'est la meilleure chose qui puisse arriver. Et pas seulement parce qu'on devient plus fort qu'avant (après tout, vaincre l'anxiété ne peut que donner plus de force), mais aussi parce qu'on commence à voir la vie sous un angle différent. Un point de vue différent, dont seuls quelques-uns parviennent à tirer profit. On fait plus attention aux détails, on essaie de repérer les petites choses et on devient généralement plus concentré. L'anxiété est juste une sorte d'entraînement. Un test ou un examen que la vie nous propose et que nous devons passer pour devenir meilleurs qu'avant. Par conséquent, les personnes qui ont réussi à maîtriser l'anxiété la considèrent comme un aspect positif de leur vie. Presque comme si c'était une félicité, et non une damnation.

Si on le veut vraiment, on peut sortir de cet abysse. Il faut le vouloir de toute son âme, s'engager, faire des sacrifices et, bien sûr, changer. Parce que la guerre contre l'anxiété est une voie vers le changement. Cela change tout. Et lorsque vous arrivez au bout du chemin, vous êtes surpris de voir à quel point vous avez changé. On jette un regard en arrière et on sourit. Et vous repensez à cette époque avec un sourire moqueur sur les lèvres et une seule pensée positive dans votre esprit :

"J'ai affronté l'anxiété et je l'ai vaincue !"

Printed by Amazon Italia Logistica S.r.l.
Torrazza Piemonte (TO), Italy

40616155R00080